JULIUSZ KOSSAK

Żonie mojej dedykuję

Maciej Masłowski

JULIUSZ KOSSAK

1986
OFICYNA WYDAWNICZA AURIGA
WYDAWNICTWA ARTYSTYCZNE I FILMOWE · WARSZAWA

Opracowanie graficzne
ANNA TWORKOWSKA-BARANKIEWICZ

Układ ilustracji i redakcja
HALINA ANDRZEJEWSKA

Redaktor techniczny
ANNA KOŻURNO-KRÓLIKOWSKA

ISBN 83-221-0294-1

Wydanie II
Skład: Zakłady Graficzne w Gdańsku
Druk i oprawa: Gorenjski tisk, Kranj — Yugoslaviapublik
Printed in Yugoslavia

Przystępując do studium o Juliuszu Kossaku — czy zresztą o jakiejkolwiek innej personie z naszego pięknego świata sztuki, należałoby dać na początku pewne wyjaśnienia.

Naprzód dotyczące formy. Jak sądzę, najwłaściwszą byłaby w danym razie forma swobodnej narracji, powiem — może nawet zbyt wysoko mierząc — forma improwizacji sterowanej. Zapewne, ten rodzaj nie należy do najłatwiejszych, jest zależny od wielu czynników, zarówno natury bardzo delikatnej, jak bardzo pospolitej. Na przykład: od właściwej aury, od ciśnienia krwi i powietrza, od wewnętrznej równowagi, albo od nerwowego napięcia, od nieprzespanej nocy, od wstania prawą nogą, a nawet od piania kogutów i od pajączka w złej godzinie — krótko mówiąc od usposobienia, od tak zwanego natchnienia. Bo jasne, że pisać o sztuce — to sztuka. Inaczej, będzie referat. W związku z powyższym pisząc o malarstwie dobrze jest malować — nie gardzić walorem i barwą słów, gwałtownym kontrastem, ekspresją, groteską, przesadą, pastiszem, karykaturą, która często wyznacza najwłaściwsze, najtrafniejsze proporcje myśli. Dobrze jest się nie bać. Deklaracja, krystalizacja, rozwiązanie tego problemu, obranie formy wydaje się sprawą bardzo istotną, chociaż skomplikowaną — a niekiedy przypadkową, niezamierzoną — może czasem tajemniczą, zagadkową, nawet dla piszącego.

Posuwając się dalej wolnym krokiem, dochodzę do następnej sprawy zasadniczej — do koncepcji treści. I tutaj znowu, jak poprzednio, obowiązywać powinna, moim zdaniem, zasada dystrakcji — stąd dystrakcjonizm.

Przy czym stawiam wniosek konkretny, aby na początku zacząć od końca. To znaczy od konkluzji, od uwag ogólnych, od samego sedna, aby od razu zostało ukazane to, do czego autor szedł latami, co rozgryzał miesiącami, co w pewnej mierze ustalił, co budzi jego szczególne zainteresowanie, uznanie, a także wątpliwości. Może najwłaściwiej byłoby ukazać na wstępie podobiznę artysty i jego malarstwa w jednym swobodnym rzucie, przeskakując z problemu na problem, dyskutując, wyjaśniając, odsłaniając różne perspektywiczne widoki, zbliżając je i oddalając. Nie wdawać się w ścisłą chronologię zegara. Nie gardzić za to zwierciadłem wklęsłym i wypukłym, aby w ostrym skoku widzenia przeszłość ożyła. Krótko mówiąc, w pierwszym etapie pisaniny trzymać się autostrad i szczytów — wielkich dróg i rozległych widoków.

Za to dopiero w drugim rozdziale otworzyć wierzeje szeroko na obie strony i całe żniwo, wszystkie snopy zwozić do sąsieków i na klepisko — młócić, ziarna liczyć, zejść na przyziemie. Inaczej, wywalić — oczywiście w koncentracie — rozłożyć materiał dowodowy — *documenta habeo* — dokumentów malowanych, pisanych, drukowanych, mówionych, przegadanych, przeplotkowanych, przeróżnych. I tak oto tłumaczę się, wyjaśniam, prosto z mostu, byle naukowo, co i jak czynić zamierzam.

Już w samym nazwisku artysty kryją się pewne metaforyczne znaki, poszlaki — jakby może Przyboś zauważył. Juliusz brzmi miękko, łagodnie, płynnie. Szemrze jak mała fala, na małym jeziorze, w letni poranek. Proszę posłuchać. Kossak natomiast brzmi ostro, zdecydowanie, sucho, a nawet groźnie, jak świst kosy w czasie żniwa — stalowej albo srebrnej szabli podczas szarży szwoleżerów. W kontekście więc pierwszego wrażenia dźwiękowego artysta nie jest zjawiskiem jednolitym, formacją sugerującą jednorodność, a przeciwnie wydaje się być splotem sprzecznych, przeciwstawnych elementów.

Rysuje się teraz pytanie, czy taka alegoryczna lektura jego szyldu ma jakikolwiek sens, czy ma związek z rzeczywistością. Czy w tej lingwistyczno-akustycznej zabawie, tkwi chociaż ziarno racji. Aby na to odpowiedzieć, trzeba by poddać superrewizji właściciela firmy, producenta towaru i chociaż część tego, co się gromadziło latami za szyldem, za ladą.

To jednak zostawiam sobie na później. A na razie dam tylko zadatek, błysk problemu – dwoistość, dwie twarze Juliusza Kossaka. A także dwojakość, wielorakość jego twórczości, wytwórczości.

Dusza i ciało. Mina marsowa, a serce gołębie – ale w bitwie okrutne, nie dające pardonu – na papierze. Marsowe, ale w samej istocie pełne słodyczy, łagodności, dobroci, w porównaniu z wojenną gwarą jego malarstwa, z dźwiękiem krwawych toporów, mieczy, włóczni, kopii, jataganów, lancy, szabli, pistoletów, bandoletów. Nie ma wątpliwości – bawiąc się dygresją – że odbija się w nich czterech Kossaków, jakby w czterech zwierciadłach Twardowskiego w Węgrowie.

A samo malarstwo. W jakże licznych odmianach, wydaniach, niezliczonych wznowieniach. Przecinając je poziomo – to w dwóch głównych odmianach: „na zwycięstwo, na ochotę" i na zamówienie. A tnąc ten wielki tort sarmacki w pionie – to przede wszystkim malarstwo wyobraźni na kanwie natury i odwrotnie natury na kanwie wyobraźni.

Parę słów o pierwszym. Niewątpliwie herosem Kossakowskiej epopei jest koń – najpiękniejsza, najwspanialsza z istot żywych. Słowo, którego użyłem, epopea – nie kryje w sobie ani pochwały, ani nagany. To nic więcej, jak tylko to, że nagle w trakcie pisania uświadomiłem sobie nie liryczny, nie dramatyczny, ale epiczny charakter jego malarstwa. Epos nie zamierzony, nieświadomy, sam z siebie wyrastający, rozwijający się, niepodrobiony. Skoro się dojdzie do takich wniosków, przypuszczeń, sądów literackich, ideowych, wreszcie politycznych nawet, czy można zgłaszać pretensje, że Juliusz Kossak nie jest podobny do Eugeniusza Delacroix, a nawet, na szczęście, do Verneta. Cóż z tego, że przeważa nieraz kicz w niezliczonych replikach, ale zastrzegam stanowczo, że nie zawsze. Cóż z tego? Tutaj o inne rzeczy chodzi. A przede wszystkim – nie o pojedyncze koślawe czasem deski czy cegły – ale o cały dwór, dworzyszcze, zamczysko. Chodzi o całość. Wiele strofek drażni, wścieka, ale zaraz pojawia się na horyzoncie pędzące gdzieś na wolności stado i pułki walczące o wolność. W powietrzu zalatuje dziczą do nikogo i niczego nie podobną, a najmniej do Pankiewicza. Kossak chciał i musiał pozostać przy swojej wizji dziecinnej.

Bo jej epos, to jakby dziecinne jakieś opowiadanie pędzlem. Stąd właśnie owa niesłychana komunikatywność, popularność, ludowość Kossaka. Używał wszelkich środków, aby być najbardziej zrozumiałym. O jakże daleko zaniosły nas w gęstwiny blade szablonowe, manieryczne konie Kossaka – rozwodnione, bo przed malunkiem zwykle moczył papier, żeby przejścia walorowe tworzyły się same, a może, aby wywołać złudzenie oleju i monachijskich sosów.

Trzeba jeszcze podkreślić, że popularność Kossaka miała i ma nadal swoje głębsze, drugie dno. Jego koń to romantyczny symbol swobody, pędu, ruchu, ucieczki. Od czego? Od cywilizacji, od miasta, od ludzi. Dokąd? Na szczerą wieś, w puszczę, w głuszę niedostępną, na pustynię – jak najdalej od tego, co jest – w stronę tego czegoś, o czym się marzy, za czym się tęskni, w stronę tego co było, a czego nie ma, w stronę raju utraconego. Koń staje się godłem wolności. Przecież ten ślad położył się, uderzył niegdyś złotą podkową w całe malarstwo romantyzmu europejskiego, a na polskim malarstwie tej epoki pozostawił szczególnie mocne, dobitne, krwawe piętno. W takim układzie rzeczy jasne, że sam problem końskiej anatomii staje się sprawą mimo wszystko drugorzędną-pomocniczą, ważną wtedy, kiedy w obrazie przeważają akcenty naturalistycznej rodzajowości: w targach, odpustach, orkach, weselach chłopskich itp. I tutaj, gwoli prawdy – trzeba wziąć fioletowy ołówek i podkreślić, że także jest Kossak jako jeden z pierwszych twórcą innego konia, owego „konika na błocie".

Niedawno przejrzałem dość dokładnie prace Juliusza Kossaka w zbiorach warszawskiego Muzeum Narodowego. Jest ich tam niemało. Zdziwiła, uderzyła mnie ogromna różnorodność. Nie tylko treści, ale także formy. Są tam rzeczy z różnych okresów. Wczesne akwarele, nadzwyczaj starannie opracowane, intensywne w kolorze, z lat czterdziestych, dwudziestoletniego artysty. Rysowane aż nazbyt precyzyjnie i barwione. Przypominają angielskie sztychy, których wówczas początkujący malarz mógł się napatrzyć do woli po wielkopańskich dworach. Obok, nic do nich nie podobne, dużych wymiarów, sceny bitew i polowań. Miłe, delikatne w kolorze, pastelowe akwarele. Romantyczne, a w pewnej mierze i osiemnastowieczne – w układzie całości i w charakterze nieco zgaszonym poszczególnych figur. Ich uderzającą zaletą malarską jest dekoracyjność. W oddzielnych tekach – mnóstwo szkiców, studiów roboczych, głównie ołówkowych, ale nie wyłącznie. Na ogół interesujących. Rozmaitych, robionych z pamięci, z imaginacji i notowanych z natury. Specjalny akcent kładę na kompozycje, które wyłamują się z najbardziej oklepanego Kossakowskiego schematu – na scenach wiejskich bez szminki i pudru, bo są i takie, gdzie nie widać owych koni romantycznych, ale szkapy, chabety w niewoli, w ciężkiej pracy. W tych scenach rodzajowych, nielicznych z lat średnich Kossaka, króluje świetnie podpatrzona jakaś siła egzotyzmu, natura oglądana przez okulary zaprawne «prozą ironiczną» codzienności – ówczesnej. W nich tkwi *in statu nascendi* przyszłość sztuki polskiej, a między innymi malarstwo Maksymiliana Gierymskiego, Chełmońskiego, grona ich kolegów, przyjaciół natury. Ogólnie, to są wszystko pozytywy, ale jest niemało negatywów. Pomijam już bardzo liczne powtórki, przykłady nie tyle twórczości ale wytwórczości masowej. To są rzeczy powszechnie wiadome. Natomiast, co w kolekcji Muzeum Narodowego najbardziej mnie zmartwiło, zraniło, zraziło do Kossaka, to owe, mniej popularne, haniebne szkicowniki – albumy kratkowanego papieru. Żeby sobie jak najbardziej ułatwić, przyspieszyć produkcję, rozmnożyć niewypały, wymyślił Kossak mechaniczny środek niezawodny, stosowany przezeń w okresie rozkwitu sławy. Było to szkicowanie swobodne niby, na specjalnym gęsto kratkowanym – gładkim, cienkim, stalowego koloru papierze, potem zaś nanoszenie – zapewne wielokrotne z małymi zmianami – gotowych improwizowanych scen na większe arkusze Wattmana zakratkowanego ręcznie, w analogiczny sposób. Cóż robić, trudno kłamać, były to autofalsyfikaty.

W sumie jednak całość, jaką przerzuciłem, prezentuje się ciekawie, oryginalnie, a co nie bez znaczenia – samoswojo. Ileż tu twarzy malarskich Kossaka. Majaczy nawet spoza jednej sylweta Michałowskiego, szczególnie w pięknym portrecie konnym Łubieńskich (1856). Linia rozwoju artysty nie jest prosta – prowadzi wyraźnie początkowo w paru kierunkach, otwiera przed nim równocześnie parę dróg malarskich, własnych, oryginalnych. Niemało tajemnic twórczości odsłaniają szkice. «Po szkicach ich poznacie je». O tym jak bardzo bogata, wieloznaczna, wielojęzyczna była malarska indywidualność Kossaka świadczy nie tylko jego własna twórczość początkowa, ale także tak krańcowo odrębna twórczość jego uczniów: Grottgera, Maksymiliana Gierymskiego, Szermentowskiego, Brandta. Trudno wprost uwierzyć, że tych czterech i wielu innych, tak sobie malarsko obcych czerpało jednak, jakże różnorakie eliksiry sztuki z tej samej, niewyczerpanej życiodajnej studni.

Witkiewicz twierdzi, że „działalność Kossaka w Warszawie (1861-1869) wywarła wpływ na całe pokolenie artystów. Kossak oddziałał na nich, nie tworząc szkoły manierystów i naśladowców, tylko budząc wszechstronne zamiłowanie do natury, wskazując całą różnorodność zjawisk, które były tuż pod ręką, wartych poznania i odtworzenia swoją prostotą i swobodą zbliżając i sztukę i naturę do młodych umysłów, w których się tliła iskierka artyzmu. Opinia Witkiewicza – papieża malarstwa polskiego tamtej epoki, jednak bez przywileju nieomylności – jest w danym razie miarodajna, albowiem wspomniane przezeń „pokolenie artystów", to jego własne pokolenie – to on sam i grono jego towarzyszy.

Ogólnie cała sztuka, a dla nas tutaj szczególnie malarstwo polskie, jest legendarnym światem mitów. Oczywiście, na swój sposób rzecz biorąc. To znaczy, kiedy patrzeć na nie od przeciwnej strony – może nieodpowiedzialnej, ale właśnie dającej odpowiedź na przyziemne pytanie, ile to jest warte, *combien ça coute, questo costa.* To znaczy, kiedy patrzeć na obrazy od strony widza, adresata, odbiorcy, nabywcy. W gruncie rzeczy to on – wczoraj we fraku, dzisiaj w szarym garniturze – ustalał i ustala kryteria naszych malarskich wartości – obiegowych, niewątpliwych, obowiązujących na wieki wieków amen. Mit – słowo wyświechtane, zużyte. Cóż z tego, że na ogół kryje się w nim banał, że tak często wyraża się nieuctwo, niesmak, brak gustu. Ów banalny mit jest i będzie, żyje i rozmnaża się w tysiącznych rzeszach, będzie żył i będzie się rozmnażał. Niektórzy nasi artyści, a może wszyscy, tylko każdy na swój sposób, to postacie zmitologizowane. Należał i należy do nich także Juliusz Kossak. Nie dość na tym. Wybił się na czoło. Znalazł się w awangardzie legendarnych, ludowych bogów malarstwa polskiego, obok Matejki, Grottgera, Brandta i wielu innych. Poszedł w awangardzie legendy. Stało się i nie odstanie.

Jego mit malarski zamknął się w kilku symbolicznych tropach, polskiemu sercu drogich. W sygnaturach magicznych: podkowy końskiej – na szczęście, szabli rycerskiej – na chwałę i sarmackiego wąsa – na zdrowie. Przy graniu ogarów i rogów myśliwskich muzyce. Baśń staromodna opowiadana przy kominku przez wiekowe damy i odwiecznych kawalerów. Komu opowiadana? Zdumiewające, że nieodmiennie młodym i najmłodszym ze współczesnych kolekcjonerów. Widać to z tzw. badań naukowych, a nade wszystko z dokładnej lektury gazetowych ogłoszeń. Nie rzadko w nich o Kossaku mowa. Amatorów nie brak. Czytamy na wyrywki spośród wielu. Pierwsze z brzegu, szablonowe: „Kupię obraz znanego malarza polskiego, chętnie Kossaka". Ale którego? Pewnie o Juliuszu nawet nie marzy. Inne, ułańskie, z fantazją. „Księgę jazdy Polskiej, szablę kawaleryjską, obraz Kossaka kupię". Pewnie każdego, byle jakiego. Jeszcze inne, nieprawdopodobne: „Zamienię Michałowskiego na Kossaka" – a nie odwrotnie. Taka jest prawda. To się nazywa nieśmiertelność pewnych gustów, *vox populi*.

Tak jest właśnie dzisiaj. Zdumiewające. W epoce sztuki prestidigitatorskiej, konceptualistyczno-hiperrealistycznej sztuki pisuartu. Obustronna „granda puc i nawalanka" – że użyję zwrotu Bystronia, jakim zakończył ongiś odczyt w Zakopanem na temat tzw. ochrony sztuki ludowej. Tak jest. I trzasnąć kopytami. Ale, co tu gadać, nie zamienię Michałowskiego na nikogo.

Znalazłem w lipcowym «Miesięczniku Literackim» wypowiedź Gombrowicza, co prawda o Sienkiewiczu, ale która jak ulał leży na Kossaku. Wypowiedź jest demaskatorsko-bebechowa, idzie mi na lewą rękę – właśnie od przeciwnej strony medalu.

„Sienkiewicz – mówi autor «Ferdydurke» – to marzenie, na jakie pozwalamy sobie przed zaśnięciem... lub sen... A więc fikcja? Kłamstwo? Samooszukaństwo? Rozwiązłość duchowa?

A jednak on jest najbardziej chyba realnym faktem naszego życia literackiego. Żaden z naszych pisarzy nie był ani w połowie tak rzeczywisty, jak Sienkiewicz – mam na myśli, że był on naprawdę czytany i czytany z rozkoszą [...] Sienkiewicz ani przez pięć minut nie troszczył się o prawdę absolutną, nie należał do tych, których wzrok drapieżny rozdziera maski, i nie miał w sobie ani za grosz samotności. Był esencjonalnie towarzyski, garnął się do ludzi i chciał się podobać, dla niego zespolenie z ludźmi było ważniejsze od zespolenia z prawdą, był z tych, którzy szukają potwierdzenia własnej egzystencji w cudzym bycie.

A ponieważ natura jego nie szukała prawdy, ale czytelnika, uzyskał węch niesłychany, gdy szło o odkrycie potrzeby, której mógł się stać zaspokojeniem. Stąd ta plastyczność duchowa, owo przystosowanie się całkowite i z pełną szczerością do tego, co stanowiło zapotrzebowanie stadowe. A ponieważ formował się dla ludzi, więc był formowany przez ludzi i to dało w wyniku tak wspaniałą jednolitość stylu, formę rozkosznie nasyconą ludzkością i blaskiem, zdolność mitologizowania, wyczucie jednego z największych, a najtrudniejszych do odkrycia niebezpieczeństw w sztuce – niebezpieczeństwa nudy. Sienkiewicz jest autentyczny o tyle, o ile potrzeby (choćby to była potrzeba fałszu) stwarzają wartość".

A teraz przeproszę autora Trylogii i na jego sławnym gruszkowo-bordowym fotelu z fotograficznego portretu Pochwalskiego posadzę Juliusza Kossaka.

Trawestując Gombrowicza – czytam „Żaden z naszych malarzy ani w połowie nie był tak rzeczywisty, jak Kossak [...] był on naprawdę oglądany i oglądany z rozkoszą" – co do tego nie ma wątpliwości, z zastrzeżeniem, że nie przez wszystkich. Dalej więc: „Kossak... nie należał do tych, których wzrok drapieżny rozdziera maski [...] był esencjonalnie towarzyski, garnął się do ludzi i chciał się podobać [...] natura jego nie szukała prawdy, ale widza, uzyskał węch niesłychany, gdy szło o odkrycie potrzeby, której mógł się stać zaspokojeniem". Warto zauważyć, że jest to zaspokojenie bieżących potrzeb nie jednego, ale już paru pokoleń zamieszkałych nad Odrą, Wartą, Wisłą i Bugiem. Zaspokojenie ich niezmiennych potrzeb sztuki na służbie narodowej.

Konkluzja: – „Stąd [...] plastyczność, owo przystosowanie się całkowite i z pełną szczerością do tego, co stanowiło zapotrzebowanie stadowe. A ponieważ formował się dla ludzi [...] Kossak jest autentyczny o tyle, o ile potrzeby (choćby to była potrzeba fałszu) stwarzają wartości". Jak się zdaje strawestowany Gombrowicz trafił. Niewątpliwie takie były podwaliny kossakowskiej «psychologii sukcesu».

Skoro niespodziewanie stanąłem przy Gombrowiczu, to jeszcze jedna świetna cytata sienkiewiczowska, która «daje do myślenia» o Kossaku: – „Czytam Sienkiewicza. Dręcząca lektura – przyznaje autor «Ferdydurke» w swoim «Dzienniku» z lat 1953-1956 – Mówimy: To dosyć kiepskie, i czytamy dalej. Powiadamy: Ależ to taniocha, i nie możemy się oderwać. Wykrzykujemy: Nieznośna opera! – i czytamy w dalszym ciągu urzeczeni. Potężny geniusz! – nigdy chyba nie było tak pierwszorzędnego pisarza drugorzędnego. [...] Trudno też w dziejach literatury o przykład podobnego oczarowania narodu, bardziej magicznego wpływu na wyobraźnię mas". Zachowując właściwy umiar i proporcje można chyba z powodzeniem skierować do Kossaka niektóre ciosy Gombrowiczowskiej szpady. W samej rzeczy – „pierwszorzędny malarz drugorzędny", „oczarowanie narodu", „magiczny wpływ na wyobraźnię mas".

Związki, powiązania gatunku, rodzaju twórczości Sienkiewicza z rodzajem twórczości Kossaka są różnorakie. Są to paraboliczne pokrewieństwa idei, manifestujące się w treści, w temacie, w elementach swojskości, w charakterystycznych cechach sarmackiego temperamentu, wreszcie w pokrewieństwach niewątpliwych rysunku i ekspresji plastycznej malarza i pisarza, młodszego odeń z górą lat dwadzieścia. Słusznie, trafnie podniósł tę zbieżność twórczości obu artystów Stanisław Witkiewicz – zbieżność idei, wpływów i znaczenia w sensie dużo szerszym niż problematyka samej sztuki. Podniósł w swojej znanej książce o Kossaku, bardzo interesującej, jako dokument talentu, chociaż kolosalnie panegirycznej i apoteotycznej.

Przypomina Witkiewicz chwilę, jaką przeżyło nasze społeczeństwo, kiedy w nie ukołysany jeszcze wir, zatoczony przez ruch pozytywistyczny Sienkiewicz rzucił swoje «Ogniem i mieczem». „Z tych kart – ze szczerym entuzjazmem przywodzi autor «Przełęczy» tamte czasy – buchnęła nagle żywa siła plemienna; spod całego samokrytycyzmu, pozytywizmu, pracy organicznej, odezwało się silne i czyste echo tych samych drgnień duszy, tego samego sposobu przejawiania się uczuć, tego samego wyrazu na ból i radość, na rozpacz i szczęście. [...] Społeczeństwo [...] nagle uświadomiło swoją szczególną odrębność, odnalazło w swojej duszy treść wspólną z tymi, którzy po przez zmienne losy dziejów kładli swe kości jako sztandary wojsk zatraconych [...] Jeden ze strumieni myśli narodowej, wyparty z łożyska przez zbieg zdarzeń, wracał doń, osadzając muł użyźniający, zebrany po obcych brzegach i grając szumem fal dobrze znanych".

Tak oto przepięknym słowem młodopolskim zapala Witkiewicz żar entuzjazmu, w 1900 roku akcentując coraz silniej – słowo po słowie – rzecz główną.

„Naród stanowi tylko ta elementarna siła jego osobowości, ta niepokonana żywotność jego treści plemiennej, która ogarnia całość życia, nadaje wszelkim jego przejawom swoją szczególną cechę. Tę treść plemienną, ten absolutny pierwiastek narodowości wskrzesiła poezja Sienkiewicza i w tym tkwi ogrom jej znaczenia i przyczyna tej czci, którą naród go otoczył". Forte, fortissime. „Elementarna siła narodowego życia, treść plemienna, absolutna energia życia" – wybija Witkiewicz z coraz większym rozmachem główne klawisze swojej dialektyki polskiej – zmierzając do Kossaka. Jeszcze kilka frazesów ogólnych o sztuce i oto wiąże go z Sienkiewiczem.

„Jednym z tych, w którego dziełach najwszechstronniej, najbezwzględniej odbija się charakter i duch plemienny, rasowe właściwości i kultura długowieczna i świat zewnętrzny, w którym naród żył i działał – jest Juliusz Kossak".

„Był on malarzem wsi polskiej, tej wsi, gdzie na miedzy ciche grusze siedzą, i z której wyszło to wszystko, co było cnotą i zbrodnią, co było chwałą i hańbą, co żyło w sposób szczególny, różny od reszty świata w treści i formie, to co stanowiło rdzeń i istotę polskiego życia.

Cokolwiek żyło na obszarze Polski – czytamy dalej, gubiąc się w tętencie słów – wszystko to żyje i żyć będzie w jego dziełach. Od traw i kwiatów łąkowych, od badyli burzanów, do dębów zgruchotanych gromami; od szarego wróbla, grzebiącego na podwórku Wojtkowej chałupy, do potężnych żubrów, beczących w ciemnych ostępach puszczy; od wydm piaszczystych i grzęskich topielisk, do szczytów skalnych, od biednych chłopskich szkapek, do bohaterskich koni bojowych: od opłotków cichego zaścianka, do huraganów bitew, gdzie tylko się przejawiło życie polskie, wszędzie szedł za nim talent Kossaka, skupiał jego promienie i odtwarzał w swoich dziełach z niesłychaną prawdą i siłą". Kolosalna przesada. Bardzo pięknie napisane – ale czy trafnie. A także, czy po raz pierwszy.

Bo coś mi to przypomina. Już wiem. Artykuł Witkiewicza o Chełmońskim (1889), który dostrzegał znakomicie „indywidualne cechy kształtu każdej rzeczy". Także – od, do – „Od chwiejącego się na wietrze źdźbła trawy do wielkich płaszczyzn, potężnych ciał rozhukanych koni; od delikatnych, małych, wielkości paznokcia, główek dzieci chłopskich [...] słowem, gdzie tylko życie wyraża się za pomocą kształtu, jąkąkolwiek była jego różnorodność, zawsze Chełmońskiego talent nad nim panował, władał z zupełną swobodą i wyrażał ze zdumiewającą siłą". Ależ to nieledwie autoplagiat, plagiat własny najznakomitszego stylisty polskiego. Zdumiewające, do czego może doprowadzić z jednej strony niekontrolowany entuzjazm pisarza, z drugiej zaś kontrolowana pamięć czytelnika.

Wreszcie – na końcu prezentacji wstępnej, główna teza Witkiewiczowskiej obrony Kossaka, „Wartość dzieła sztuki jest wieloraką – bezwzględna mierzy się tylko cechami artystycznymi. Lecz dzieło sztuki jest wyrazem ludzkiej duszy, czasem tylko duszy tego człowieka, który je stworzył, czasem zaś żyje w niem zbiorowa dusza pewnego narodu. Kossak, obok bezwzględnej wartości, jaką sztuce nadaje wielki talent i silna indywidualność, ma dla nas szczególną wartość jako malarz najwybitniejszych cech naszego życia i naszej ziemi". Autor zdecydował się więc dla Kossaka stworzyć dialektycznie nową „szczególną wartość", która wszystko tłumaczy. Wartość, w której została zaklęta zbiorowa dusza narodu.

Ma być to prawda niezaprzeczalna, niepodważalna, absolutna. Argument największego kalibru. Podobnego rodzaju dowodów, lejtmotywów dialektycznych można ze wspomnianej książki wydobyć jeszcze parę. Zdawałoby się nieodpartych. Witkiewicz zorganizował, podtrzymał w niej, pogłębił mit malarski Juliusza Kossaka, wyjaśnił go, odział w kształt właściwy, skomponował wedle własnej koncepcji, wyszukał dlań filozoficzną argumentację, dokumentację. Na czoło swoich rozważań wysunął dwie sprawy główne: samouctwo i rasową odrębność, plemienność, polskość. Obie deklaracje – samouctwo i plemienność – powtarza w swojej książce wielokrotnie, wybija łopatą, do znudzenia.

Oto kilka przykładów tezy pierwszej. Czytamy: „Kossak był prawie zupełnym samoukiem", „Jest on zupełnym samoukiem, którego nie dotknęła rutyna szkolna", „Twórczość taka wymaga kształcenia się od samego początku przez bezpośrednią styczność z naturą, czyli przez samouctwo".

A oto przykłady tezy drugiej: „Sztuka Kossaka i Chełmońskiego jest jednym z najszczerszych, najdobitniejszych objawów naszego plemiennego charakteru", „istota duszy narodowej objawia się bez żadnych obsłon", „Jak nasz charakter plemienny objawia się i zawsze z jednaką siłą w wojnie – tak też objawił się w malarzu polskich wojen – w obrazach Kossaka". Jeszcze dalej „W obrazach Kossaka wypisana jest nie tylko anegdota historyczna – jest w nich wyrażony niezmienny pierwiastek rasowy".

Tutaj jednak należy stanąć i odwrócić się. Co za niemiłe skojarzenia! Dość już tego. „Kossak jako człowiek stał duszą po stronie tego, co zginęło i co było wytworem i objawem szczególnych cech plemiennych". Jako człowiek czy jako artysta, który dla polskiej plemiennej treści znalazł nową polską formę?

Niełatwo na to odpowiedzieć. Problem Kossaka „nie jest tak prosty, jakby się zdawał".

Chwila uwagi – Kossak był to ponoć dyletant, samouk amator, *selfmade man* – a równocześnie – co tu gadać – Kossak był to zawodowiec nad zawodowcami, profesjonalista nad profesjonalistami, może często ciasny, wąski, twardy, suchy, sztywny, tępy – zgoda – ale fachman niewątpliwy. To nie był pretensjonalny, pod arystokratę podszywający się facet, który w chwilach wolnych od poważniejszych zajęć *high life'u* raczył poświęcać się sztuce. To nie był poeta, uprawiający sztukę na marginesie wielkich słów. Ani cwany kupiec wzniosłym towarem, zwykły oszust. Ani filozof, poszukiwacz prawdy, wieczny tułacz. Nie wskazując palcem, wiemy o których chodzi. Otóż Kossak to był malarz zawodowiec, warsztatowiec, bez intelektualnych zagadnień, ale mistrz w swoim dyletanckim, amatorskim fachu. I jak tutaj pogodzić takie kolosalne sprzeczności, jak wytłumaczyć sprzężenie zgoła odwrotnych, przewrotnych elementów. Jak pogodzić najprawdziwsze indywidualne, własne ponoć samouctwo, z najprawdziwszym, wysokiej miary własnym zawodowstwem, nieledwie z akademizmem – do góry nogami – ale niemniej manierycznym. Może sam genialny Witkiewicz nie zdawał sobie sprawy z poruszonego tutaj problemu. Nie wątpię w jego szczerą słabość do Kossaka. Na dnie owej słabości zapewne tkwiło przeświadczenie radosne, że oto jest ten, który nie został zbrukany błotem cywilizacji, ten, który nie był w żadnej szkole ani akademii. Artysta czysty jak łza, w stanie pierwotnym, prawdziwy, który ominął wszystkie szablony i pułapki szkolarstwa i doszedł ścieżką wąską – wysoko, aż do swojej rdzennej polskości. Taka byłaby główna idea Witkiewiczowska. Rodzi się pytanie, czy autor «Przełęczy» tak zajadle broniąc samouctwa, w gruncie rzeczy nie bronił siebie.

Charakter i życie artysty kształtuje sztukę. Charakter Kossaka był praprzyczyną, prapowodem malarstwa. Jego zalety i wady, rodzaj formy i treści, tematy, jakie uprawiał na grzędzie swojego fachu – wszystko to było zależne od charakteru, najściślej z nim związane. Jeżeli zajrzeć głębiej, to widać jasno, w jakich warstwach kryje się geneza jego malarskiej przygody. Czy wszystko miał sobie dane? Czy znając dokładnie główne elementy tzw. duszy, psychiki Kossaka można było przewidzieć wygląd, rozwój gospodarstwa artystycznego? Sądzę, że tak, znając podstawowe, niezmienne, przyrodzone cechy jego osobowości fizycznej i moralnej, a także mając dane warunki, perspektywy życia osobistego, okoliczności historyczne i ekonomiczne, w jakich miał się znaleźć. To, że stał się takim malarzem, a nie owakim, tkwiło moim zdaniem *in statu nascendi* już w charakterze i w okolicznościach żywota. Co otrzymał bez wysiłku, bez pracy, z łaski natury? Między innymi: talent, umysłowość, urodę, zdrowie, wdzięk, środowisko domowe, społeczne, narodowe i czas, w jakim żył. Splot tych darów głównych formował cechy drugorzędne osobowości Kossaka. Wszystko to początkowo było jeszcze płynne, nieskrystalizowane. W zetknięciu z kołowrotem życia organizować miało powierzchnię charakteru. A to z kolei narodziny sztuki i dający się przewidzieć w pewnej mierze rozwój formy jej i treści – rozwój miary wysokiej, lub niskiej, rozwój jej gatunku, *qualité*. Cudów nie ma. Czy Kossak malowałby konie, stepy, bitwy, polowania, gdyby miał inny charakter, oddychał inną atmosferą plemienną, gdyby się narodził w krainie wysp, mórz i gór? Wątpliwe.

Niestety jestem za młody, aby pisać o Juliuszu Kossaku na podstawie własnych wspomnień. A jednak... Z autopsji nie znałem co prawda samego Juliusza, ale za to licznych naocznych świadków epoki, a wśród nich przede wszystkim Stanisława Masłowskiego, szczerego entuzjastę *Roku Myśliwca*. I oto sięgając do kufra starych wspomnień, wyciągam drobiazg dość charakterystyczny. Kiedyś tam – chyba w latach pierwszej wojny światowej – przyniósł ojcu któryś ze znajomych malarzy Juliusza Kossaka batalię mocno zniszczoną. Akwarela, gwasz – tu i ówdzie naddarta zębem czasu, wypłowiała, wypsiała, zatarta. Kiedy naciskam do końca sprężynę wyobraźni, coś mi tam majaczy, że była to scena bitwy napoleońskiej. Jak gdyby ułani, szwoleżerowie, lance, szable, gmatwanina koni – wszystko bez koloru, blade, szarawożółte.
Ojciec – zwróciłem uwagę – z wyraźnym wzruszeniem dotykał, głaskał opuszkami palców pożółkły papier. Jakby pod urokiem.
Zawracając myślą, a raczej wzrokiem imaginacji, widzę, jak mój ojciec, grubo młodszy przyjaciel

Kossaka, wodzi palcami po niewielkim arkuszu starego papieru, jakby go chciał ku sobie zbliżyć, lepiej poznać, odczytać, a równocześnie policzyć pęknięcia, ubytki i rysy.

Aby odkopać, ukazać przeszłość, należy ją ożywić. Jeżeli nie można inaczej, to dać choćby jej odbity refleks. Zapytam, co jest znamienne w rzuconym refleksie? Odpowiem – nie sama anegdota a klimat. Owa czułość ówczesna nowszego, młodszego pokolenia dla dawnego. W danym razie czułość starego artysty, co sam niemało malarskości doświadczył, który umiał snuć pajęczyny kreski, budować kształt płaszczyzną, przestrzeń walorem, dziergać dywany dekoracyjności kolorowym ściegiem, komponować ekspresję plamą czarno-białą – najdalszą od linearyzmu, a równocześnie chciał tolerować, znosić, ścierpieć w pamięci, ba lubić, kochać, szanować Juliusza Kossaka, rysownika, «linearystę» czystej wody – zachował do końca dziecinne zachwyty. Dziwne. Coś w tym było jednak, że ten co tylko na szczerym polu czuł się dobrze, kiedy rozciągał na przenośnych stalugach zwoje papieru, oko w oko z naturą, czcił tego, który niewiele obrazów namalował z natury, albo nawet żadnego w całości z wyjątkiem studiów, szkiców, notatek – najciekawszych.

Na koniec – nawias informacyjny – pytanie do początku. Dlaczego? Otóż dlatego Juliusza przyniesiono nie komukolwiek innemu, ale mistrzowi akwareli – dlatego, aby doprowadził rzecz do porządku. Co też rodzic mój nie zwlekając, bez wahania, ale nie bez wielkiego strachu, bezinteresownie, z pietyzmem uczynił. Konserwator z Bożej łaski. Po raz pierwszy w życiu.

Juliusz Kossak dał się lubić wszystkim bez wyjątku – dziwna manifestowała się pod tym względem solidarność. Weszło to jakby w krew narodową. Może trochę niepokojąca była i jest owa powszechna zgoda na jego malarstwo. Ciekawe, że w okresie dwudziestolecia uderzenia moderny w „próchno" malarstwa narodowego, dotknęły przede wszystkim Matejkę i Grottgera, a także Chełmońskiego omijając Juliusza Kossaka traktując go, w gruncie rzeczy jako niegroźną figurę drugiej klasy, *quantité negligeable,* machając ręką na całą dynastię szczęściarzy – tak bardzo popularną – ot, „zdolne szelmy te Kossaki", jak to Boy rąbnął w jednym z felietonów teatralnych – zdolne szelmy i basta.

Juliusz Kossak dał się lubić. Józef Kenig, po pół wieku znajomości, wspomina: „Tak skończonej piękności męskiej, a przytem tak charakterystycznej, tak oryginalnej, takiej jakiejś odrębnej nie zdarzyło nam się spotkać. Pan Juliusz był wówczas (ok. 1842) młodzieńcem wysmukłym, dobrego, ale niezbyt wybujałego wzrostu, doskonale zbudowanym, o ruchach swobodnych, elastycznych, z bardzo gęstą, ciemną czupryną, którą nosił strzyżoną dość krótko, wbrew naszym warszawskim ówczesnym zwyczajom. Leciutki, puszysty wąsik, ledwie się zarysowywał, i nie zapowiadał, wcale owych sumiastych wąsów, zdobiących teraz tę twarz i dziś (1889) jeszcze piękną [...] Obejście młodego artysty pełne uprzejmości, ale wskazujące obytego już z dobrem towarzystwem człowieka, odznaczającego się niezmierną skromnością [...] jednało mu serca [...] zdziwił mnie szacunek, z jakim ten młodziutki i tak już wychwalany chłopiec przemawiał o starszych w jego zawodzie, np. o Januarym Suchodolskim".

Niemniej entuzjastyczne i charakterystyczne opinie wypowiadają inni. O tyle to interesujące, o ile ważny jest problem sztuki dostępnej dla zwykłych śmiertelników. Inni, bardzo liczni, wszyscy nieledwie. Biorę dla przykładu dwie opinie, które wnoszą żywe akcenty w inscenizację charakteru malarza. Władysław Maleszewski, redaktor *en chef* «Biesiady Literackiej» tak pisze w 1880 roku: „Kossakowi leżała zawsze [...] na sercu popularność sztuki, a raczej tematów posługujących się sztuką, jako szlachetnym narzędziem, dlatego tak cenił sztywne ale rozpowszechnione obrazy Januarego Suchodolskiego, dlatego też sam używał ołówka, pędzla, pióra, kredy, kolorowego papieru, płótna, deski, jak kto chciał, jak było potrzeba. Nie posiada on może tego arystokratycznego powołania, które trzyma artystę na jednej wzniosłości, szedł on w górę, to znów w dół, kreślił rzeczy zabawne i dramatyczne, codzienne i dziejowe, a cieszył się nie tyle pochlebną krytyką, co tym, że prace jego zostały zrozumiane w pałacu i pod strzechą, słowem wszędzie. Taka arystokratyczność miłości więcej warta niż ciągła baczność na swoje wielkości".

Potwierdza tę opinię esej Wincentego Łosia, drukowany w «Tygodniku Ilustrowanym» 1895 roku. Jego zdaniem, „Indywidualizm Kossaka sprawił, że on dokonał jednej z najtrudniejszych sztuk malarskich, że przemówił do szerokich kół, poruszył niemi, zawładnął niemi na bardzo długo i to za pomocą nie olbrzymich rozmiarami i szczęśliwych treścią obrazków, tylko za pomocą akwarelek". Wreszcie, w paru zdaniach, jeszcze jeden problem esencjonalny – Juliusz Kossak skąd brał? Wtrąćmy, że czasy jego młodości kryły tylko zalążki realizmu, że natura była widziana nie przez temperament, a przez fantazję poetycką.

A więc skąd? Pomijając na razie główne źródło – z własnego widzenia, z przyrodzonej indywidualności. Z widzenia co prawda poetyckiego, ale bezpośredniego, prawdziwego. A także – z różnych źródeł współczesności i przeszłości artystycznej, której echa słychać czasem, której odblaski widać czasem w scenach, w układach, w barwach złamanych, w półtonach, w liniach rokokowych jego malarstwa.

Skąd? Naprzód więc z widzenia, z patrzenia na wiejski, pański i chłopski świat otaczających go zwierząt i ludzi, potem z wewnętrznego patrzenia w lustro fikcji imaginowanej. Dopiero później z panoramy sztuki polskiej i obcej.

I tutaj fakt niezmiernej wagi. Nie wolno zapominać, że młody Kossak zetknął się z geniuszem malarskim. Należy to na samym wstępie podkreślić najgrubszą krechą. Jego wczesne kontakty z Michałowskim były bezcenne, chociaż krótkotrwałe.

Cóż dalej. Mógł czerpać także z atmosfery, jaką na cały kraj roztaczał wówczas Piwarski, skończony prymityw, otwierający jednak dalekie perspektywy natury. A więc, nie ominęły Kossaka zniekształcone tradycje stanisławowskie Norblina i Orłowskiego. Skądinąd – poprzez Suchodolskiego, ucznia Verneta – atakowały go wizje napoleońskiej epopei.

Niewątpliwie coś tam uszczknął Kossak z wielkiego świata Europy, którą poznał i to nieźle w trzech stolicach – w Wiedniu, w Petersburgu i w Paryżu, a nawet w czterech, jeżeli Monachium zaliczyć do stolic Europy.

Na koniec, cofając się do początków, dorzucić trzeba, że chyba niezbyt wiele wziął, miał do wzięcia z nauki u Jana Maszkowskiego, z rodzinnego Lwowa, gdzie stawiał pierwsze kroki.

A co dawał? O tym już była mowa. Ale nie zaszkodzi jeszcze raz zdobyć się na uśmiech smutny, przyjazny. Ostatnią koszulę z karku ściągał, zadłużał się, ale dawał. Wiemy komu. Całemu malarstwu polskiemu na dorobku.

Co dawał? Odpowiedź niełatwa. Tak bardzo różne były to «propozycje». Cóż, parabolicznie, w przenośni dawał jednak jakąś tam kroplę żywej krwi sarmackiej Piotra Michałowskiego.

Najpobieżniej myśląc – z tylu więc stron – płynąć mogły i musiały nań podniety malarskie. Izolować go szczelnie od całego świata jest niesłuszne.

Dotychczasowe rozważania to tylko ślady głównych zagadnień, zapowiedzi szczegółów, które biorę na warsztat – poprzez «informację faktu» – biografię, oraz «ikonosferę» Kossaka.

Sztuka jest jedna. Związki literatury z muzyką, z malarstwem są wieczne – bardziej lub mniej czytelne – w zależności od epoki, od jej głównych panujących *idées fixes*. Związki te w ostatnim «leciu» stają się coraz bardziej ścisłe w formie i w treści – coraz łatwiej czytelne – może poczynając od epoki romantyzmu. Tak się zdaje.

A właściwie chciałem tylko przypomnieć – aby złapać wątek – przypomnieć o Janie Potockim i jego «Rękopisie». Rzecz obecnie nie tylko elitarnie znana, ale już, być może, nawet przestarzała dla smakoszy w ich tempie mody, w powszechnym szaleństwie odkryć. Ścieżka wydeptana. Nie szukając wynalazczości, ośmielam się jednak dostrzec właśnie tutaj początek pewnego romantycznego prądu, kierunku, krótko mówiąc, dostrzec uprzedzenie, przygotowanie ukraińskiego pędu w malarstwie polskiego romantyzmu.

Ta sprawa, dla wielu obojętna, niepokoi mnie trochę od czasów, kiedy zacząłem pedantyczniej interesować się Chełmońskim. Oczywiste były jej związki malarskie z poezją. Ale teraz myślę, że „nasza

Ukraina" miała znacznie szersze parantele, że wiąże się nade wszystko z filozofią natury i zaczepia jednocześnie, co ciekawsze, o jakiś instynktowny pęd plemienny do wędrówek, nie tyle na Wschód, jak się utarło mówić, co na Południe. A więc sprawa – błyskawicznie – tak wygląda. Chwytam początek. Jan Potocki publikuje w Petersburgu w 1804 roku swoją pierwszą i ostatnią powieść – po francusku, pod tajemnym szyldem:«Manuscrit trouvé à Saragosse».

Potocki miał siostrzeńca – przyjaciela. Był nim Wacław Rzewuski, później Emir Tadź el Faher, nieśmiertelny «Farys» sztuki polskiej.

Kilka punktów konkretnych. Wspólne przygotowania do wielkiej wyprawy. Specjalne studia orientalistyczne. Publikacja własnego czasopisma «Die Fundgräben des Orients». Cudowna podróż polskiego Nababa z całym dworem w krainę tysiąca i jednej nocy. Powrót po trzech latach (1817-1820) z jednym Kozakiem.

Na koniec fantastyczna materializacja filozofii Jana Jakuba Rousseau na Podolu. – „Ostatnie rezerwy pieniężne przeznaczył Rzewuski – cytuję za Piskorem – na budowę wspaniałych i wygodnych stajni, większą zaś część dnia spędzał w towarzystwie swoich czworonożnych pupilów. Rozmawiał z nimi po arabsku, a młode źrebięta urodzone w Sawraniu oswajał z dźwiękami mowy, której słuchali na pustyni ich rodzice.

Współczesnych interesował swoim egzotyzmem i ekscentrycznością, zdumiewał wielostronnością wiadomości i zainteresowań. Miłośnik Wschodu był zarazem niepospolitym znawcą kultury zachodniej. Miał nieprzeciętne zdolności malarskie i muzyczne, dużo pisał po polsku i po francusku. Tworzył wiersze, wśród których najwartościowsze są «Melodie arabskie», «Melodie greckie» oraz poemat wschodni «Oksana». Na jego prace literackie widoczny jest wpływ literatury orientalnej".

Jakby siostry – Arabia i Ukraina stały się dla Rzewuskiego równorzędną krainą baśni. „Kozacy przepadali za nim, nazywali go „Ataman Rzewucha zołotaja boroda", a on rzeczywiście, jakby chcąc zasłużyć na miano atamana, z biegiem czasu stopniowo przemieniał się w entuzjastę kozackiego życia. Do tej przemiany przyczynił się także Tymko Padurra, znany poeta ukraiński, który w ciągu kilku lat przebywał na jego dworze. Tak samo jak w Arabii rozmawiał przeważnie po arabsku, obecnie najchętniej mówił po ukraińsku. Listy adresowane do niego jako do hrabiego odsyłał nadawcom nie rozpieczętowane, z dopiskiem: „Tutki (tutaj) w Sawraniu nema grafiw Rzewuśkich, tylko je ataman Rewucha, zołotaja boroda, a po arabśki emir Tadź-el-Faher; grafiw szukaj sobi w Czudnowi taj Pojhrebyszczach."

Dookoła postaci Rzewuskiego powstały romantyczne legendy. Potomek hetmanów nie został wielkim człowiekiem: życie strwonił na realizowaniu fantastycznych marzeń. Nie dostał się do historii, lecz za to dostał się do historii literatury. Wprawdzie sam nie był wybitnym literatem, natomiast jego barwne życie natchnęło szereg polskich powieściopisarzy i poetów XIX wieku do napisania utworów o nim. Jego osobowość stworzyła literatura – legenda o nim stała się ulubionym tematem literackim". Nie tylko literackim, ale i malarskim.

W tej niezwykłej legendzie Farysa, dźwięczącej olbrzymią, epiczną, poetycką miarą, uderza mnie pewien szczegół. A mianowicie – tajemnicza transformacja Arabii na Ukrainę, transfiguracja emira Tadź–el–Fahera na atamana Rewuchę. – Widocznie były to sprawy równoważne, równe sobie symbole wolności – całkowitej, bez granic.

I tak oto weszliśmy na tereny geopsychiczne. A gdzie tu Kossak? – Niedaleko. Bliżej, niżby się zdawało. Bo oto niedościgły, niedosiężny Farys miał na polskiej Ukrainie, na Podolu następców, nawet licznych, chociaż w mniejszej skali. Z jednego powstało Farysów sto tysięcy.

Ale najprawdziwszy, najbliższy idei tamtego był tylko jeden – sławny Juliusz Dzieduszycki – ze szczerą sympatią i zachwytem wspominany przez Witkiewicza. W ćwierć wieku później udał się śladami Rzewuskiego. W styczniu 1844 roku ruszył do Egiptu, Arabii, Palestyny i Turcji. Szejkowie witali go z respektem, jako brata emira Tadź–el–Fahra Abd–el–Niszana. W ciągu roku wydał 100 tysięcy dukatów – ale za to nabył kilka ogierów i klaczy, najlepszych i najbardziej rasowych.

„Po powrocie wybudował w Jarczowcach nowy pałac i specjalne stajnie. Do pałacu podjeżdżało się wprost z ogromnego podolskiego stepu. Cały front zajmowały dwa pokoje, jadalny i salon. Z jadalni drzwi prowadziły bezpośrednio do długiej bocznej oficyny, przeznaczonej na stajnię ogierów. Z salonu – do stajni źrebaków. Dzięki takiemu urządzeniu można było w każdej chwili złożyć wizytę koniom i przekonać się o ich luksusowym życiu w luksusowych boksach. Boksy zostały zaprojektowane przez samego dziedzica, a na ich ścianach zawieszono olbrzymie lustra, w których przeglądali się czworonożni mieszkańcy, urozmaicając sobie życie. Klacze trzymano w nieco skromniejszych pomieszczeniach obok pałacu i na folwarkach".

„Juliusz Dzieduszycki – podnosi Witkiewicz w swojej książce o Kossaku – był jednym z tych niezwykłych ludzi, którzy się rodzili z duszą nadmiernie dzielną i szeroką na stosunki, w jakich wówczas społeczeństwo nasze żyć musiało".

A oto zatrzaśnięcie ostatniego ogniwa. Nieodstępnym, najbliższym towarzyszem Juliusza Dzieduszyckiego był w tamtych latach Juliusz Kossak. Jarczowce od 1845 do 1850 roku stanowiły jego główną kwaterę kawalerską i główną szkołę malarską.

Takie to sprawy działy się wówczas, tak żyli i marzyli ówcześni ludzie nierealni na jakimś najgłębszym podmorskim dnie romantyzmu. U brzegów takiego to morza Juliusz Kossak pławił swoje konie.

Że artysta urodził się w Wiśniczu pod Bochnią 15 grudnia 1824 roku, co do tego wszystkie źródła są zgodne. Ale zaraz po stwierdzeniu owego niezaprzeczalnego faktu zjawiają się niezgodności w szczegółach, występują pewne niejasności.

Zaczynam od realizacji najbardziej wątpliwej. To, co pisze Aleksander Piskor zapewne opierając się na wspomnieniach Wojciecha Kossaka jest nieprawdopodobne, ale ponieważ równocześnie zabawne, więc posłuchajmy.

„Kobiety są dziwne – jego zdaniem – i nieodgadnione. Michałowa Kossakowa miała w sobie nadmiar kobiecości, dlatego trudno osądzić przyczyny jej postępowania. Gdy znajdowała się w dziewiątym miesiącu ciąży, zapragnęła nagle odwiedzić Kraków – i nikt nie potrafił jej wytłumaczyć, że musi siedzieć w domu. Pewnego dnia wyjechała z własnej wioski Kniahinin, położonej nad Sanem, lecz nie zdążyła daleko zajechać. W drodze uczuła bóle porodowe, przystanęła przeto w najbliższym miasteczku Wiśniczu i 15 grudnia 1824 r. urodziła dużego, zdrowego chłopca. Wróciła potem pośpiesznie do domu, aby czym prędzej ochrzcić syna w sąsiedniej unickiej cerkwi. «Nadaję ci imię Juliusz» – powiedział do krzyczącego malca greckokatolicki paroch. Malec bowiem pochodził z rodziny, która Rusinów uważała za odmianę Polaków i nie robiła różnicy między wyznaniem rzymskim a greckim. Dzięki temu Juliusz od najmłodszych lat umiał jednakowo dobrze mówić po polsku i po ukraińsku".

Jakie może być pochodzenie tej legendy, bo nie ma dymu bez ognia? A może coś się popłątało synowi w związku z udziałem ojca w rewolucyjnym wszechsłowiańskim zjeździe w Pradze w 1848 roku, roku Wiosny Ludów. Piskor twierdzi, że Juliusz Kossak występował tam jako unita.

Dziwnie to mętne. Ale jedna jaskółka nie robi wiosny. Szukajmy uparcie. Bo jakże są ważne dla przyszłego życia artysty krajobrazy dzieciństwa i chłopięctwa, atmosfera i tradycje domu rodzinnego, owe wczesne lata. Warto więc sięgnąć do przekazanych tu i tam relacji, porównać niektóre dokumenty epoki. Zachować słabość dla legendy, łowiąc ziarna prawdy.

Otwieram Witkiewicza. Ten chyba jest godny zaufania. A więc „Kossak urodził się 15 grudnia 1824 r. w Wiśniczu – o tym wiemy – gdzie ojciec jego był urzędnikiem w Sądzie". O tym się dowiadujemy.

„Wkrótce potem rodzice przenieśli się do Lwowa, mieli tam domy, posiadali też nad Sanem wieś Kniehinin. Kossak miał lat dziesięć, kiedy odumarł go ojciec, zostawiając pięcioro dzieci. Matka, Antonina, z domu Sobolewska, była kobietą nadzwyczajnej dobroci i wzniosłości. Przywiązana bez miary do dzieci, poświęciła im siebie bez zastrzeżeń. Podobno psuła je bezwzględnym dogadzaniem, co nie wszystkim wyszło na dobre. O Juliuszu mówiła, że jego zepsuć nie zdołała, gdyż zawsze był dobry. Dobrym pozostał na zawsze – jest to jeden ze znamiennych rysów jego charakteru [...] Kossak, jak tylu innych, wśród szkolnych kolegów, znalazł pierwszą publiczność [...]" Jego zdolność do rysunku była natychmiast w szkole Bazylianów uznaną i przez kolegów i przez ojców profesorów.

Zanim dojdę do mety, jeszcze parę wiadomości genealogiczno–topograficznych. Wspomina Józef Kenig (1899): „Ojciec Kossaka był prezesem wyższego sądu we Lwowie". Czy nie mierzy za wysoko. „Matka z domu Sobolewska była właścicielką majątku ziemskiego w Stanisławowskim" – A więc nie nad Sanem.

Nie, trzeba się cofać. Grzebiemy się i grzęźniemy na wyższej półce. Adam Boniecki: «Herbarz Polski», t. XI, cz. 1– „Kossak Michał, ur. 1898, radca kryminalny w Wiśniczu, zaślubił Antoninę Sobolewską, współdziedziczkę Knihinina".

Notatka Szczęsnego Morawskiego z 1849 roku komunikuje: „Juliusz Kossak, lwowianin, syn sędziego kryminalnego lwowskiego. – Talent wielki". To już bliższe prawdy.

Jeszcze krok w tył – do Bonieckiego, który na samym początku stawia pytanie: „Kossakowie h. Kos, czy nie wyszli z Kossak w powiecie piskim". Co do mnie, to odpowiedziałbym na to innym podobnym pytaniem: Kossakowie h. Kos czy – przypadkiem – nie wyszli z Kossak pod Nurem? A może wywodzą się ze starożytnej Ziemi Nurskiej, z podlaskiego zaścianka? Co mogłoby za tym przemawiać? Uśmiechając się pod wąsem, myślę – dwie rzeczy: pierwsza, to niezwykle piękne, malarskie położenie wsi Kossaki na wysokim brzegu Buga, wśród ogrodów i dworków z gankami na słupach, druga – to konie.

Wszystko to piękne, ale ciągle pozostaje nie rozwiązana sprawa owego Knia, Knie, Kni – hinina. Nieprawdopodobne, a jednak opatrzność czuwa, bo oto nagle telefon i miły głos mojej znakomitej przyjaciółki Janki Jaworskiej z IS PANu dyktuje: „Knihinin, wieś, powiat Stanisławowski, nad Bystrzycą, o 1,9 km na północ od Stanisławowa jest jakby przedmieściem tego miasta".

Tasując podane wyżej karty dochodzę do paru wniosków. A więc: ów wspaniały majątek ziemski Knihinin, był to zapewne dworek podmiejski z jakimś «areałem gruntu», położony na przedmieściu o tejże nazwie, pod Stanisławowem, tak jakby nie przymierzając kawał ziemi z domem na Bródnie pod Warszawą. Takie przypuszczenie umacnia Boniecki, prezentując dyplomatycznie matkę artysty, jako współwłaścicielkę.

Nie znam dokładnej daty translokacji rodziny Kossaków do Lwowa. Jak wiadomo, drugi syn Leon urodził się jeszcze w Nowym Wiśniczu 22 marca 1827 roku. Ceniąc fakty, dorzucę jeszcze, że ze Stanisławowa do Lwowa mamy sto trzydzieści kilometrów z hakiem, skąd do Krakowa, przez pobliski Wiśnicz trzysta czterdzieści. Wyobraźmy sobie teraz ów spacerek «zachciankowy» pani Michałowej Kossakowej w błogosławionym stanie, po kocich łbach ze Stanisławowa do Wiśnicza.

Jak wiadomo – *l'appetit vient en mangeant* – apetyt autorów na wspaniałość, bogactwo, znakomitość opisywanych herosów rośnie z upływem czasu. I oto jeden dom, a może domek rudera we Lwowie urasta u Witkiewicza do paru, zjawia się majątek ziemski, ojciec urasta do rangi prezesa wyższego sądu. Tymczasem prawda była zapewne mniej wspaniała. Po przedwczesnej śmierci ojca, cała liczna rodzina znalazła się w sytuacji arcytrudnej – głównie pod obroną dzielnej pani Kossakowej. Czyż można się dziwić, że syna skierowała na prawo, chcąc go ratować od bezdroży i nędzy malarstwa.

Wreszcie na koniec tych wstępnych rozważań życiorysowych zabierze głos osoba najbardziej miarodajna, bo sam Juliusz Kossak. Niestety, cytowana tutaj autobiografia, ocalała w zbiorach Polskiej Akademii Umiejętności, jest niepełna. Napisana została być może dla Adama Pługa – Antoniego Pietkiewicza, w związku z uroczystościami kossakowskimi, które zorganizowano 12 kwietnia 1880 roku w Warszawie. Pług, redaktor «Kłosów» opublikował wówczas obszerny artykuł o Kossaku.

„Urodziłem się – wspomina artysta, ależ znamy to na pamięć – w Wiśniczu pod Bochnią r. 1824 z ojca Michała i Antoniny z Sobolewskich. Okrzczono mnie na obrządek łaciński i dano imiona Fortunat Juliusz". Nie poprawiam, jakże wdzięcznej, chłopskiej gwary Kossaka – jak okrzczono, to okrzczono – ale co ważniejsze, że „na obrządek łaciński". Zostało to wyraźnie podkreślone, aby raz na zawsze zlikwidować plotki – widać niemiłe dlań – o domniemanym wyznaniu grekokatolickim.

Dalej pisze – „Po śmierci ojca matka przyznaczyła mnie na jurystę jako najstarszego, przyszłego opiekuna rodziny – powołanie wrodzone przemogło, a chwila sposobności porzucenia prawa i chwycenia zawodu artystycznego łatwo nadeszła. Zacny hr. Kazimierz Dzieduszycki mąż z wszech miar niepospolity, jak prawie wszyscy z rodziny tej, pierwszy widząc moje rysunki dodał mi odwagi do chwycenia się zawodu dosyć niepewnego. Jemu niech będzie wiadomą wdzięczność do śmierci za wszystko dobre, co mi z mojego zawodu przypadło.

Byłem na pierwszym roku prawa mając lat 18, kiedy On mnie zaprosił do siebie na wieś do Niesłuchowa pode Lwowem. Oprócz wychowania domowego i szkolnego brakowało mi dużo bardzo. W jego zacnym domu wszystko inaczej zobaczyłem. Sam zamiłowany rysownik i historyk, całemi dniami przesiadywał ze mną, wskazując skarby naszych dziejów i naszego kraju! Zaczęliśmy dzieło, które wskutek okoliczności zostało nieskączonym i niewydanym: Tablice historyczne. Każden wiek miał swój osobny arkusz, na którym były obrazowane najważniejsze cztery fakta, wynalazki, wizerunki i dzieje z naszej przeszłości. Miało to służyć dla młodzieży do nauki. Polubił mnie bardzo i myślał tylko jakby w dalszą drogę zawodu mnie popchnąć.

Sam niemajętny, mając przy tym kilkoro dziatek, nie mógł czynnie z materialnej strony dać pomocy, co koniecznym było dla mnie, bo chociaż rodzinie mojej pozostał majątek, jednak matka moja pozostawszy młodą bardzo wdową z pięciorgiem dzieci, nie mogła interesów tak poprowadzić, żeby majątek nie ucierpiał. Dzięki opiekunom i krewnym wszystko po trosze przeszło w inne ręce, funduszów więc dla mnie nie było z domu.

Sam musiałem o sobie w nowym zawodzie myśleć. Dzieduszycki nie mogąc sam, porobił mi stosunki prowadzące do celu, ale wypadki różne opóźniały mój wyjazd.

Przy tym powodzenie jakiego doznawałem ze wszech stron, nie bardzo mnie i wypędzało z kraju. Łatwość z jaką układałem sceny z życia, łowów, jarmarków, zjazdów, uchwycanie podobieństwa na pierwszy rzut oka, znajomość konia, jakiej szczególnie się poświęcałem, zrobiły mnie oblubieńcem całej niemal zamożnej szlachty Galicyi. Nie ma prawie dworu na Podolu, Pokuciu, Ziemi Przemyskiej gdziebym nie był zaproszony, nie było konia pięknego którego bym nie portretował.

Nadto zdarzała się okoliczność, że w tej porze właśnie a było to w r. 1845 hr. Juliusz Dzieduszycki i Władysław Rozwadowski sprowadzili znakomite transporta koni arabskich. Gdzie były konie tam i artysty konieczna była potrzeba, przyjechałem do Jarczowiec pod Zborowem poznałem się z kochanym P. Juliuszem człowiekiem pełnym wykształcenia, poezji i serca, pokochałem go jak brata, przyjaciela.

Co roku artystę wyprawiano za granicę, ale zawsze jeszcze trzeba było gdzieś być i coś zrobić nie można było odmawiać zaproszeniom i nie korzystać z okoliczności sprzyjających i tak zawód mój zacząłem".

Cytowany fragment autobiografii Kossaka zawiera parę ważnych informacji. Zwróćmy uwagę: „porobił mi stosunki prowadzące do celu, ale wypadki różne opóźniały mój wyjazd" a dalej „Co roku artystę wyprawiano za granicę". Widać jasno, że Kossak bynajmniej nie miał zamiaru zabastować na samouctwie, względnie na studiach lwowskich. Jego celem od początku była systematyczna nauka fachu za granicą, jak łatwo się domyśleć z dalszego rozwoju wypadków – studia w Paryżu.

Chyba najciekawszy, najważniejszy jest w życiu artysty okres wczesny – tworzenia się, krystalizowania, formowania talentu, okres wyrastania, rozrastania się, dojrzewania indywidualności. Podpatrzyć i trafnie odczytać ów proces rozrodczości artystycznych komórek jest to zadanie niezmiernie trudne i odpowiedzialne dla krytyka – dla analityka, diagnosty, chirurga sztuki, dla biofizyka malarstwa, dla psychologa twórczości. Chociaż stanowi ono w gruncie rzeczy grę intelektualną często równie przypadkową jak układ rozdanych kart i rozgrywka.

Naprzód moim zdaniem warto by przeprowadzić krótką weryfikację faktów, uprawniających do nazwania Kossaka, tak bardzo zaszczytnym, pociągającym mianem samouka. Czy to jest słuszne i w jakim stopniu. Jeżeli nawet tak jest, to czy owo samouctwo jest zjawiskiem tak bardzo charakterystycznym właśnie dla Kossaka, wyróżniającym go z całego mrowia innych współczesnych malarzy polskich. Sam Witkiewicz przyznaje, że „jednocześnie z prawem uczył się Kossak trochę rysunku u Jana Maszkowskiego. Trzeba sobie wyobrazić ówczesny stan sztuki w zakątku tak dalekim, jak Lwów [...] żeby wiedzieć, jaka mogła być sztuka, której się Kossak uczył".

Nie ma nikt wątpliwości, że zjawiska kultury czerpią soki z atmosfery, ze środowiska. Wśród jakiego środowiska, w jakich warunkach wykluwa się malarstwo Kossaka – to sprawa zasadnicza. W tle miejskim mamy właśnie Lwów pierwszej połowy zeszłego stulecia. Nie ma potrzeby prowadzić tutaj specjalnych badań. Sprawa została już w różnych publikacjach lepiej lub gorzej przebadana. Najstaranniej zrobił to Władysław Kozicki w solidnej, obszernej monografii Rodakowskiego. Oto interesujący nas fragment:

„Wśród dość licznej, ale niewątpliwie szarej rzeszy drugo– i trzeciorzędnych malarzy lwowskich z pierwszej połowy ubiegłego wieku zasłużył na trwalszą pamięć uczeń Wiednia i Rzymu, Jan Maszkowski (1793–1865). Stanowisko na kartach dziejów naszej sztuki zdobył on nie swoim talentem, którego bynajmniej nie wykazują jego portrety, a tem mniej obrazy historyczne, ale swemi zdolnościami pedagogicznymi; a może tylko szczęściem, że jako kierownik uniwersyteckiej szkoły rysunkowej miał wśród swych uczniów Arthura Grottgera i Juliusza Kossaka, a obok nich bardzo zdolnego, rysownika, przedwcześnie zmarłego syna swojego Marcelego, oraz Floriana Lundę i Aleksandra Raczyńskiego".

Lwów ówczesny nie był pustynią. Omawiając wczesne lata Kossaka warto poświęcić trochę uwagi osobie Jana Maszkowskiego. Zbywa się go na ogół lekką ręką. Tymczasem wszystko wskazuje na to, że odegrał on pewną rolę w początkowym malarstwie Kossaka. Może nawet specjalną, szczególną, chociaż sam artysta w swojej autobiografii ledwo o nim wspomina. A jednak.

Jan Maszkowski wniósł Kossakowi między innymi dwa elementy artystyczne – kroplę zawodowych, akademickich umiejętności w zakresie formy i pęd do historycznego malarstwa w zakresie treści, obydwa w stanie surowym. Były to ogólne kierunkowskazy, które zresztą nie pomijały także malarstwa rodzajowego. Na wystawie lwowskiej 1847 roku zaprezentował Maszkowski cztery tego gatunku sceny, z entuzjazmem przyjęte zarówno przez Morawskiego przyjaciela i wielbiciela Kossaka, jak przez Franciszka Ksawerego Preka, malarza i pamiętnikarza. –„Dodajmy – podnosi Morawski – że i w tej gałęzi malarstwa p. Maszkowski pierwszy drogę utorował i musimy przyznać, że sobie zasłużył na wdzięczność publiczną [...]. Godzien czci, wszelkiej, a mianowicie od każdego z uczniów, którym trudnoby własny ojciec serdeczniej życzył i radził".

Niewiele zachowało się – a może tylko nie udało się do nich dotrzeć – młodzieńczych próbek malarskich artysty. Właściwie dopiero rok 1844 jest datą przełomową, która eksploduje mnóstwem studiów, szkiców, portretów końskich, a przede wszystkim dynamitem natury.

Tym bardziej cenne i ciekawe jest wspomnienie Józefa Keniga, który uwiecznił Kossaka i jego malarstwo właśnie z okresu najwcześniejszego. „W lecie r. 1841–ego czy 1842–go, daty dobrze nie pamiętam – relacjonuje w «Tygodniku Ilustrowanym» w obszernym artykule (1889) – poznałem się z Juliuszem Kossakiem u Grzymałki. Tak nazywaliśmy Wincentego Grzymałę [...].

Oglądałem wówczas kilka jego prac mniejszych. Nie zrobiły na mnie tak silnego wrażenia, jakiego się po nich z opowiadań spodziewałem. Widziałem w nich prace niezmiernie z natury zdolnego przeczuwającego sztukę, zapowiadającego na przyszłość bardzo dużo młodzieńca, któremu wszakże bardzo wiele jeszcze brakowało.

Jeżeli konie Kossaka – wspomina Kenig – nie wzbudziły we mnie wówczas podziwu, tylko chłodne uznanie, zato osobistość mistrza podbiła nas zupełnie".

W dziesięć lat później drukuje Kenig w «Tygodniku» obszerny esej pośmiertny, gdzie jeszcze nawraca do tamtych odległych wspomnień. Kossak – „gdy go pierwszy raz spotkałem w przejeździe jego do Sławuty, jeżeli mnie pamięć nie myli mógł mieć lat 21. [...] Już wówczas pokazywał nam swoje rysunki koni, a nawet polowania z chartami. Była to jeszcze sucha początkująca robota, ale ten widocznie miał nauczyciela. Kto był tym nauczycielem? Dziś się dowiadujemy, że był nim Maszkowski we Lwowie. Nazwisko to nieznane poza murami Lwowa, przypuszczać jednak należy, że Maszkowski, nie trzymał się rutyny wówczas w szkołach, zwłaszcza metternichowskich używanej, że nie kazał uczniowi kopiować głów i rąk ze wzoru sztychowanego lub litografowanego, nie wymagał cieniowania kreskami: w pięknie wymierzone pierożki, że może nawet dopuszczał się herezji, dozwalania uczniowi psucia farb na kopiowanie koni z akwareli angielskich. Nauka zresztą nie trwała długo".

Albowiem nad systematyczną nauką w tym okresie bujnej, buntowniczej młodości wzięły górę u Kossaka instynkty anarchiczne, dynamiczne, odmiany ruchu, których kwintesencję stanowił koń wszelkiej rasy i rangi – ale nie z angielskich akwareli.

Przewodnikiem na tej drodze stał mu się przede wszystkim arcykapłan w świątyni arabskich ogierów, Juliusz Dzieduszycki, jego najwierniejszy kompan i preceptor sztuki z wolnej ręki. Sięgam jeszcze raz do cennych relacji Morawskiego tym razem z 1849 roku. „Juliusz Kossak – Rysunki jego z natury wierne, jak daguerotyp. Kompozycje bujne i pięknie grupowane, tym piękniej, że będąc uczniem natury i własnej zdolności, nie zna prawideł akademickich i swobodnie wyobraźnią buja. Jego «force»,są szkice ołówkiem, piórem i akwarelą, gdzie konie niepospolitą rolę grają. W Łańcucie w 43 r. podobno wielkie steeplechase wyprawiono i chciano uwiecznić nieznaną dotąd na Dyabła Stadnickiego niwach karkołomną maszkaradę. Kossak, zwieziony tamże przez jednego z uczestników, zwrócił uwagę obecnego Michałowskiego, który go na 3 dni do siebie zabrał – spakowane już do podróży walizy rozpakował – i sławne swe rysunki pokazał, tłumacząc co potrzebnym sądził. To zrobiło epokę w młodym rysowniku".

Dorzucę, że na wspomnianym polowaniu w Łańcucie znalazł się także Ksawery Prek i oto co zanotował: „Kossak, młody człowiek z talentem, rodem z Tarnowskiego, zrobił bardzo doskonałą szkicę całego polowania. Profile myśliwych tak są podobne, że wszyscy spostrzegłszy ten talent wysoki, zrobili składkę na tego młodego, aby mógł za granicą wydoskonalić się w rysunku, którego dotąd mało się jeszcze uczył. Jak to czasem szczęście niespodziewanie się znajdzie". Widać, jak bardzo artyście zależało na zagranicznych studiach. Ale Prek był optymistą. Niestety i tym razem nie doszły one do skutku. Centy, jakie zgromadzono, wystarczyły zaledwie na jedną dobrą kolację. Z tego wszystkiego najważniejsze, że Michałowski zwrócił uwagę na Kossaka.

Inaczej i obszerniej przedstawia się ta niezwykła przygoda malarska Kossaka, jego wielka szansa we wspomnieniach Józefa Skarbka Borowskiego, koniarza i kolekcjonera, który zgromadził przeszło sto akwarel i szkiców Juliusza. –„Władysław Rozwadowski – opowiada Skarbek – były adjutant jenerałów Chłopickiego i Skrzyneckiego, w wojnie 1831 r. mieszkał wówczas w Rajtarowicach w ziemi przemyskiej; zamiłowany hodowca koni, w roku 1844 sprowadza z Arabii za pośrednictwem przyjaciela i towarzysza broni Kruszewskiego, wówczas podpułkownika jazdy w służbie wice króla Egiptu, sześć ogierów i dwie klacze. Od tego czasu Kossak staje się stałym gościem gościnnego dworu w Rajtarowicach, do którego spieszą wszyscy z kraju i z zagranicy, których chów koni zajmuje, ludzie pod względem społecznym i umysłowym wybitni. W Rajtarowicach – zdaniem Borowskiego, a nie w Łańcucie poznał Juliusz Kossak ś.p. Piotra Michałowskiego tego Verneta polskiego, który wyrzekł wtedy te pamiętne słowa: «Młodzieńcze, jeżeli chcesz konie malować, do czego widzę w tobie urodzony talent, ucz się przede wszystkim anatomii konia – bez tego, przyszłość twego talentu zwichnięta». Że młody Kossak usłuchał tej mądrej rady, przyszłość dowiodła".

„Z Rajtarowic – czytamy dalej – dojeżdżał Kossak do Bolestraszyc, gdzie często przebywał w swym majątku Piotr Michałowski. Ile tam skorzystał jego talent, każdy łatwo zrozumie. Z Michałowskim, kolegą pracy ks. Leona Sapiehy w biurach ministra ks. Lubeckiego, odwiedzał ks. Sapiehę, we wspaniałym i starożytnym Krasiczynie, gdzie spotykał braci Zamoyskich i wielu innych, którzy z Warszawy i z Poznania odwiedzali księstwa Leonów".

Wreszcie na koniec najważniejszy dokument – krótka relacja samego artysty, potwierdzająca poprzednią : „Wymienić muszę ś.p. Piotra Michałowskiego, najznakomitszego malarza koni i aqua-rellistę, którem poznawszy mnie w Rytarowicach u hr. Rozwadowskiego, gdzie przyjechał araby sprowadzone oglądać i widząc moje rysunki zaprosił do siebie do Bolestraszyc pod Przemyślem, gdzie mi wszystkie swoje skarby talentu i pracy pokazał, nie szczędząc rad godnych mistrza, dziś mi jeszcze drogich". Tyle.

Z niemałym prawdopodobieństwem można odtworzyć rady Michałowskiego, jakie mógł dać począt-kującemu malarzowi z talentem.

W liście z Paryża z 1845 roku, między innymi tak pisze do siostrzeńca, który chce się uczyć malarstwa. „Niech węglem, niech popiołem robią, aby tylko modelowanie było; rysowanie podług natury na słońcu starych dziadów i chłopów bardzo zalecam... nic tak massowania nie nauczy jak słońce [...] Mówiłem mu zawsze, że w sztukach pięknych trudno siebie, a trudniej jeszcze drugich oszukać − wpływ metra na zdolności ucznia w malarstwie jest bardzo ograniczony − może go w lewo albo w prawo poprowadzić, ale siły produkcyjnej, siły tworzenia obrazów z natury w niego nie wleje; [...] Ja widziałem takich, którzy przez 3 lata u Charleta po całych dniach pracowali, a mało co mniej głupimi wyszli [...] Jakem przyjechał wymawiałem mu, że nic nie robił podług natury... ani jednego mizernego szkicu konia. Kiedym ja w młodych latach mógł się do stajni wyrwać, to zawsze z ołówkiem w ręku. Kilkoletnie przypatrywanie się z żądzą naśladowania obeznało mnie z koniem i z rozmiarem wszelkich przedmiotów na papier przelewać się mających". Oto mógł być wątek wskazań Michałowskiego.

Czy rady, wpływy Michałowskiego dadzą się odczytać w malarstwie Kossaka. Niewątpliwie tak, i to z różnych , odmiennych stron na nie patrząc, i nie tylko od strony treści − rycerskiej, heroicznej, ale formy, tam gdzie mamy do czynienia z naturą oglądaną przez wyobraźnię, i z naturą podpatrzoną czystym spojrzeniem. Dadzą się odczytać w pewnej mierze ograniczonej − przez umysłowość, indy-widualność talentu i odrębny charakter artysty.

Analizując okres wyjściowy Kossaka, należy podkreślić jego główny akcent − zaniedbany przez monografów, element poszukiwań, co w rezultacie daje ogromną różnorodność prób malarskich, a nie jak to się czyta tu i tam, jednolitość, niezmienność, nieruchawość. Jest to uderzające na całej przestrzeni lat czterdziestych − aby pewna stabilizacja nastąpiła w następnym dziesięcioleciu. Co za kontrasty. Wahadło ciągle przesuwa się od romantyzmu do realizmu, od wibrującej karykatury, żartu, drwiny do statecznej, godnej, sztywnej formy na serio. Co za skoki od pierwszych niezdarnych dziecinnych koników, rysowanych «od kopyta», do wiernych «jak daguerotypy», portretów końskich, od chwytanych na gorąco szkiców dla siebie, do kompozycji jeszcze nieudolnych dla innych, od próbek ilustratorstwa drobnym a żartobliwym ściegiem szytych dla Dzieduszyckich do błyskawiczną kreską ciętych barykad lwowskiej „Wiosny" − kreską, która do dzisiaj nie straciła nowoczesności absolutnej.

Z tego, co napisano na interesujący mnie tutaj temat, wyróżniam artykuł Mieczysława Gębarowicza, lwowskiego historyka sztuki. Wypada wtrącić, że był w Polsce najwyższy poziom przedstawicieli tej dyscypliny, o ładnych tradycjach. Gębarowicz w »Przeglądzie Warszawskim« 1925 r. zamieścił obszerne omówienie wystawy Juliusza Kossaka, urządzonej w grodzie nad Pełtwią, w stulecie jego urodzin.

„Wystawa ta nie roszcząc sobie pretensji do zobrazowania całości, położyła główny ciężar na rzeczy mało albo w ogóle nieznane [...] Tak tedy na ścianach sal wystawowych zawisły obok kilku arcydzieł z epoki najświetniejszego rozkwitu (Ujęcie Wołodara przez Piotra Dunina, Targ na Kleparzu, Przeprawa przez Dniestr), szkice i drobne obrazki, w większości bodaj po raz pierwszy szerszej publiczności udostęp-nione. Im tedy główną poświęcić należy uwagę, zwłaszcza, że dały one dużo ciekawego materiału. [...] Ich pochodzenie wiąże się z dwiema postaciami, które odegrały tak wielką rolę w młodości Kossaka, a mianowicie Skarbkiem Borowskim (kolekcja Muzeum im. Lubomirskich) i Janem Gwalbertem Pawlikowskim.

Są to o ile idzie o zbiór Borowskiego wykończone akwarele i rysunki datowane od roku 1843. Ich temat to albo sceny historyczne z 1831 r., wzorowane na pracach brata Leona lub na współczesnych barwnych drukach i litografiach, albo też sceny rodzajowe w duchu Deverii i Gavarniego, a przede wszystkim portrety koni, stylizowanych zwłaszcza w łbach w duchu Verneta czy Adamów. Pod względem formalnym rozpatrywane, są one dokumentem poszukiwań własnego stylu w oparciu o uznane powszechnie autorytety artystyczne, tak iż dla większości tych prac można by z łatwością oznaczyć ojcostwo wśród litografii i to zarówno w formach jak i w sztafażu i w kolorycie nawet, niewolniczo pierwowzór naśladującym: niemniej w niektórych strona anatomiczna, oscylująca między silną i przysadkową zwartością a wydłużonemi proporcjami żyrafy zdradza gorączkowe usiłowania indywidualnego opanowania formy.

W dziedzinie techniki słuchacz praw uniwersytetu lwowskiego i uczeń Maszkowskiego idzie utartymi drogami, czerpiąc swą umiejętność z nauki mistrza lub z litografii. A więc przede wszystkim, nie wypuszczany zda się nigdy z dłoni ołówek na tonowym papierze kredowym, cieniowany białą kredą, nieraz gwaszem, tuszem lub akwarelą, czasem nawet ostrzem w papierze żłobiona linia znaczy silny akcent biały na ciemnym tle: a obok tego akwarela, kombinowana z ołówkiem i tusz stanowią ulubione środki techniczne młodego artysty.

Ale sięgnie on z czasem do farb olejnych, jak jego większa kompozycja p.t. *Kozacy* z r. 1851 dowodzi, jednak bez większego sukcesu. Niezwykła technika sprawia artyście kłopot, wywołuje opory wewnętrzne, farba olejna staje się transpozycją akwareli, formy wykazują pewną nieudolność i niezaradność, która w obrazach, inną techniką wykonanych, należy już w tym czasie do dawno zdystansowanej fazy rozwoju.

Drugą stroną działalności Kossaka – relacjonuje Gębarowicz – odsłania nam kolekcja Pawlikowskich, którą jej założyciel (zmarł 1852 r.) otrzymał przeważnie wprost od artysty, jak adres na odwrocie jednego z rysunków wskazuje. Są to kartki ze szkicowników, które przy znacznej swej ilości – około 50 sztuk – pozwalają śledzić artystę takiego, jakim był w tej swojej serdecznej spowiedzi i spontanicznych wynurzeniach, rzucanych na papier dla własnego tylko użytku. W nich ukazuje artysta odmienne oblicze: niekrępowany gustami swych protektorów lub obawą krytyki oddala się niejednokrotnie od romantycznych pierwowzorów i rzuca na papier szczegóły tak, jak je widział: wszak tworzy dla siebie. A więc trochę scen rodzajowych, głównie jednak konie i to jakie! Obok romantycznych rumaków, smukłe wyścigowce lub ociężałe i niezgrabne broniaki, potrącające nieraz w swym realizmie o karykaturę, a dalej bajeczne w obserwacji studia ruchów, w których odzywa się cała gama typów, chciałoby się rzec, psychologicznych tego inteligentnego stworzenia.

Wysiłek ku zdobyciu własnego typu konia przebija z tych kart znacznie silniej aniżeli w oficjalnych pracach, przeznaczonych na zbycie, a więc liczących się ze smakiem i upodobaniami innych. Jest wśród owych szkiców jeden, przedstawiający Kossaka w pracowni obok Raczyńskiego i Szcz. Morawskiego. Wycinek z życia bohemy artystycznej, to jakby kartka z autobiografii artysty, który do walki o swoją sztukę idzie w życiu z iskrą bożą, która w nim drzemie i z rękoma żądnemi pracy, a nie mogącemi nieraz w skostniałej z zimna dłoni utrzymać pędzla. I oto pod twardym dyktatem życia dochodzi do kompromisu z własnym sumieniem artystycznym. Powstają wtedy stylizowane w duchu romantycznym portrety koni, owe Korejhany, Nedżdży, Saidy, Dżelaby, z dokładną metryką na odwrocie, które wypierając obce litografie, dzięki «podobieństwu portretowemu» pańskich ulubieńców, zawisły na ścianach polskich domów, zdobywając polskiemu artyście i polskiej sztuce prawo obywatelstwa u swoich. A obok tego, w chwilach wolnych od pracy dla chleba, wypełniają się karty szkicowników rysunkami, których mowa i szczersza i śmielsza zapowiada przyszłego wielkiego Kossaka, jaki przeszedł do dziejów naszej sztuki".

Nie da się zaprzeczyć, że studium Gębarowicza porusza najbardziej istotne problemy wczesnej twórczości Kossaka.

Nie od rzeczy będzie przypomnieć, że pierwszy publiczny występ artysty nastąpił w 1847 roku na Wystawie Obrazów Malarzy Krajowych we Lwowie.

Szczęsny Morawski zamieścił o niej wielką recenzję w Bibliotece Naukowego Zakładu imienia

Ossolińskich. Oczywiste, że jego przyjaciel otrzymał w owym eseju honorowe miejsce. Dowiadujemy się, że „wśród pięknych talentów objawił się najznakomiciej p. Juliusz Kossak, jedną akwarellą i dwoma rysunkami".

Zdumiewające, że akwarela nie przedstawia ani bitwy, ani polowania, tylko „krakowską furmankę przy najtyczance dywanem okrytej – jak – zajeżdża około krągłej na dziedzińcu murawy przed dwór szlachecki z gankiem, podsieniem i w sposób wież wybudowanymi narożnikami". Lipa, smukłe świerki, wiecznie otwarta polska brama i czwórka z dzwoniącymi chomontami. „Maści koni, domowi, drzewom, bryczce nie można nic zarzucić, cały układ bardzo pełen życia i prawdy, a przytem piękny".

A rysunki – *Powrót chłopa pijanego z fajką w zębach* – „więcej dobitności w kreśleniu pojedyńczych części posiada". Wreszcie *Popas* – „Trzy konie u chłopskiego woza, którego właściciel stojąc się posila oparty o literkę, popasają, czyli raczej dwa już popasły a trzeci kończy. [...] Dzieje się na targowicy małej mieściny. Charaktery wszystkich trzech koni, anatomia, ruch, równie jak układ cały doskonały. Cała szkica lubo drobna od znaków za najlepszą z wystawionych p. Kossaka robót uznana – tak ciepło w niej pochwycone życie".

Nawiasem mówiąc, owa rozsławiona *Najtyczanka* – sądząc ją wedle reprodukcji w książce Witkiewicza – była przerysowana, przepiłowana, twarda, sucha, chociaż sztywne konie chwycono w żywym ruchu – poprawnym, ale jakby wyciętym laubzegą. Młodzieńcza próba kompozycji rodzajowej. Już znacznie bardziej obiecujące były karykatury, rysunki życia chwytanego w locie, a nawet liczne portrety koni arabskich i portrety gentlemanów, jak np. Leonarda hr. Pinińskiego z 1848 roku.

Rok 1847 upamiętnił się także w życiu Kossaka wizytą we Lwowie Liszta, którego portretował parokrotnie. Na jakimś przyjęciu, po koncercie najsławniejszego pianisty świata, kompozytora i przyjaciela Chopina, Kossak miał poznać gwiazdę teatru lwowskiego, Anielę Aszpergerową, swoją pierwszą wielką miłość. Ślad owej miłości zachował się w zbiorach warszawskiego Muzeum Teatralnego w formie dwudziestu interesujących gwaszów, akwarel i rysunków ołówkiem i piórem, w pamiątkowym albumie aktorki. Są to głównie studia portretowe, realistyczne z lat 1849/50, na starannym poziomie wykonawczym.

Pisząc o malarstwie Kossaka słusznie podkreśla się jego szczeropolską, patriotyczną nutę. Pisząc o człowieku należy podnieść jego polską wierność sprawie. Lata czterdzieste absorbowały go nie tylko walką o formę, ale także walką o wolność. Skoro się na ogół o tych sprawach zapomina, należy o nich przypomnieć.

Władysław Kozicki zwraca uwagę, że „oprócz Lwowa bezmyślnie rozbawionego i Lwowa austriackiego był jeszcze trzeci Lwów: podziemny, zakonspirowany, rewolucyjny [...] Zarzewie niepodległościowych działań nie wygasa we Lwowie przez całą pierwszą połowę XIX w. [...] Lwów stał się ulubionym terenem operacyjnym karbonariuszów polskich, wysłańców Towarzystwa Demokratycznego i kierującej nim Centralizacji wersalskiej, partyzantów Zaliwskiego i mierosławczyków, którzy ścierali się z agentami Hotelu Lambert".

W latach 1845–1850 główną bazą Kossaka było, jak wiadomo, dominium Juliusza Dzieduszyckiego. Rok 1846 krwawo zapisany w zachodniej części Galicji, we wschodniej przygotowywał powstanie, odwołane w ostatniej chwili. A jednak pomimo wszystko przystąpili doń obydwaj Juliusze. Zwycięsko, na parę godzin zajęli nawet miasteczko Brzeżany, skąd musieli szybko rejterować do Jarczowiec. W rezultacie Dzieduszycki został aresztowany i przesiedział w więzieniu pół roku. Kossakowi udało się pozostać w cieniu.

Ale nie na długo. Wprawdzie hr. Skarbek Borowski, trójlojalista, w swojej broszurze, drukowanej w Krakowie (1900) twierdzi, że „W ruchu 1848 roku, Juliusz Kossak o ile wiem udziału nie brał. Zawsze oddany swemu powołaniu w Galicji, wśród przyjaciół spędzał te lata strasznych klęsk i przewrotów politycznych i społecznych, nie wypuszczając z ręki pędzla".

Borowski się myli, bo raczej karabinu, albo szabli. Zresztą, niech to wyjaśni sam autobiograf.

„Malując konie, psy, podróżując po kraju – pisze Kossak – przeszedł czas do r. 1848. Czterdziesty ósmy jak wszystkich tak i mnie zajął, od marca do lipca nosiłem karabin i musztrowałem jako sierżant w 3–ciej komp. Gwardyi Narodowej pod komendą kapitana Aleksandra Fredry, a że do konika ciągnie przy formowaniu się konnicy, wstąpiłem mając ślicznego siwka i śliczne wąsy, byłem skrzydłowym. Kiedy Dwernicki przyjechał do Lwowa, i najlepszego ułana pierwszego dnia przysłano mu na ordynans, mnie ten zaszczyt spotkał.

Ułanka skończyła się w listopadzie bombardowaniem Lwowa i ledwo żeśmy cało wyszli. Oprócz wojaczki i polityka nie próżnowała, kiedy Ś ty Jur podkręcony przez Stadiona zaczął naszej sprawie bruździć, tak jak do dziś dnia czynią, zformował się Komitet Rusinów, Polaków, między innemi i mnie jako Rusina z dida pradida wybrano do deputacji mającej jechać do Wiednia, i Pragi. Jechał i Dzieduszycki Juliusz. Wybraliśmy się w drogę. Na wołowej skórze – wspomina Kossak – nie spisałby wszystkiego cośmy widzieli i słyszeli, a trafiliśmy w Wiedniu właśnie na barykady i sturmpetycje, z tamtąd do Pragi, gdzieśmy byli do ostatniej chwili, bombami Windiszgrätza wypędzeni.

Portrety wszystkich znakomitości Sekcyi polskoruskiej miałem w mojem albumie, a rysunek balu Sławiańskiego w kostiumach wszystkich narodowości i wizerunki prawdziwe i nadzwyczaj podobne pozostały może jako jedyna pamiątka tego wszystkiego. Wyż. wymienione rysunki znajdują się w zbiorze P. Gwalberta Pawlikowskiego w Medyce.

Po zmianach zaszłych w kraju bawiłem po większej części we Lwowie, oddając się wyłącznie malarstwu. Nie mogę ominąć zacnych ludzi [podnosi ich zasługi – wtrącę] którzy mi swojem towarzystwem, nauką, talentem do pracy bardzo dopomagali na kierunek jakiego się trzymam wpłynęli. P. P. Dzieduszyccy, Batowski, Alex. Gwalbert Pawlikowski, Pol; kochany kolega i przyjaciel Szczęsny Morawski z malarzy, którzy mi radami i swoją nauką nieszczędzili dopomódz, bo akademij oprócz lwowskiej pod przewodnictwem Profesora rysunków Maszkowskiego żadnej nie znałem, kraj i jego bogactwa były całe życie jedyną szkołą i mojem ideałem". Po tym ciekawym wyznaniu następne zdanie poświęca Kossak Michałowskiemu, o czym już była mowa.

Czy to, co tutaj zreferowałem, ma znaczenie dla jego twórczości? Ma i to tak zwane głębsze znaczenie. A mianowicie, że malarstwo Kossaka było wyrazem jego wewnętrznego życia, jego duszy, jakby napisał Witkiewicz. Zresztą, ma nawet znaczenie dwojakie. Bo także zupełnie konkretne. W zbiorach wrocławskich, warszawskich i krakowskich przetrwały bowiem arcyciekawe dokumenty malarskie tamtych rewolucyjnych czasów – robione na gorąco szkice i studia Kossaka z roku 1848 w Pradze i we Lwowie.

Echem Wiosny Ludów jest także większa kompozycja malowana później, w 1868 roku – *Bitwa pod Miłosławiem*. Niestety – teatralna, sztywna.

Należy tutaj podnieść wysoko sztandar patriotyzmu całej rodziny Kossaków. Jakże znamienne i wymowne są losy obu braci Juliusza. Szczególnie bohaterska niezwykła postać Leona Kossaka, zmarnowanego artysty powinna być utrwalona w pamięci ludzkiej.

„Bracia moji – czytamy w autobiografii malarza – także koleje nie zwyczajne przechodzą. Leon po nieszczęśliwej wyprawie do Węgier wszedł do służby austriackiej dosłużył się rangi porucznika w pułku ułanów. Na odgłos formacyi w Turcyj, podczas wojny krymskiej, wziął dymisję przyjechał do Paryża zaciągnąć się. Pokój paryski zniweczył zamiary, pojechał do Austryalij (gdzie mamy brata w służbie angielskiej) szukać szczęścia, ale nie powiodło się, po roku prawie pobytu wrócił do Paryża, Włochy potrzebowali oficerów, pojechał, wszedł do pułku huzarów Placencyi formującego się, odbył kampanię Neapolitańską jako komendant szwadronu, wziął dymisię i wyjechał w roku 1863.

Władysław, jako młody akademik dostał się szczęśliwie do Węgier w r. 1848, robił kampanię całą zacząwszy od Aradu pod Gen. Wysockim, został oficerem adjutantem przy Pułk. Ponińskim, po tym przy Wysockim, z którym do ostatnich chwil wytrwał, dzieląc nawet z nim wygnanie w Kuranje. Po uwolnieniu z tamtąd wyjechał do Anglij, gdzie dzięki protekcji Lorda Stuarta dostał się z swojem przyjacielem Kabatem do służby wojskowej w koloniach Austryalij. Niepraktykowane względy dały się dosłużyć cudzoziemcom w armii angielskiej stopni wyższych. Są obydwa w jeździe czyniącej służbę przy kopalniach".

Należy wyjaśnić, że nie tyle są, ile byli. Ponieważ Leon w randze kapitana, ranny 24 XII 1863 pod Kockiem, wzięty do niewoli, po ośmiu latach ciężkich robót na Syberii, wraca do kraju w 1873, osiada u brata w Krakowie i tam umiera 1877 roku.

Oto typowo polska atmosfera rodziny Juliusza Kossaka. Jego malarstwo oddycha takim powietrzem. Trudno się dziwić, że wielokrotnie, a nawet bardzo często przestaje być sztuką, a staje się najbardziej czytelną propagandą niepodległości.

Może nie zrobię błędu, jeżeli napiszę żartobliwie, że młody Juliusz Kossak był wielkim wiercipiętą, albo włóczykijem, że lubił zmianę miejsca, ruch nie tylko na obrazach. Początkowo, jak wiemy, kręcił się głównie, koczował na terenach Małopolski Wschodniej i galicyjskiego Podola. Rok 1848 ogromnie wzmógł i rozszerzył wrodzony instynkt włóczęgi. Jego zagony dotarły aż do Wiednia i do Pragi. Ciągle jednak obracał się na terenach apostolskich. Chociaż nie trzeba zapominać, że już raz na krótko przekroczył granice tzw. Cesarstwa, że gdzieś około 1841 roku zawadził o Warszawę i prawdopodobnie o Ukrainę. W latach pięćdziesiątych wyruszyć miał dalej.

W rodzinnym Lwowie i okolicach zaczynało być artyście ciasno. Jego dalsze eskapady miały zapewne na celu wyszukanie nowego środowiska sztuki. Odświeżyć się i odnowić, pouczyć się fachu.

Do recenzji Szczęsnego Morawskiego z 1847 roku wkradło się takie znamienne zdanie: „Jeżeli się p. Kossak, tak obznajomi z postaciami ludzkimi, jak zna konie i jeżeli porzuciwszy drobiazgowe robótki akwarellą, weźmie się do techniki olejnej i nią swe pomysły wyrazi, może talent swój w nieskończoność rozwijać. Ale na to trzeba wytrwałej pracy i akademii. Pierwsza od niego – druga od Boga i dobrych ludzi zależy". Mam podejrzenie, iż zwrot o akademii sam Kossak przyjacielowi dyktował. Zapewne taki był jego prawdziwy szczyt marzeń, tylko czekał na okazję. Jedyną istotną przeszkodą był brak pieniędzy. A więc nie jest prawdą to, co tylokrotnie podkreśla Witkiewicz, że Kossak był absolutnym, kompletnym, przewspaniałym samoukiem. Fakty temu przeczą – sam Lwów, a potem Warszawa, Paryż, Monachium. Przeczy temu nade wszystko sam Kossak, jego gorące, żarliwe pragnienie solidnej nauki, niezaspokojone do końca.

Ale oto nieoczekiwanie nastąpiła okazja: „1851 roku, w miesiącu grudniu – opowiada sam artysta – wpada do mnie P. Antoni Mysłowski, znakomity amator koni, posiadacz znakomitych stadnin arabskich i angielskich w Koropcu, u którego już nieraz byłem i co było w stajni malowałem, wielki mój dobrodziej i przyjaciel. – Pojedziemy, – Gdzie? – Nie pytaj się, od słowa do słowa, był taki interes, że trzeba było uledz woli dobrodzieja i przyjaciela, rad nie rad, jadę. Pojechaliśmy. Przejechali Wołyń, bawili w Sławucie, Podole, Ukrajiny, w Białocerkwi rozdzieliliśmy się, bo Braniccy nie chcieli mnie puścić i tam malowałem i konie i psy i wilki i Kozaków. Nie pominę względów i przyjaźni P. Władysława Branickiego, z którym przez Kijów, gdzie byłem na kontraktach, Moskwę, pojechałem do Petersburga.

Tu inny świat zupełnie, i inni ludzie, chociaż trochę swoich spotkałem, ale wszystko jakoś innym krojem; i tu moja gwiazda artystyczna sprzyjała, bo kiedy nieboszczyk car Mikołaj zobaczył u hr. Orłowa czwórkę karą uprzężoną do powozu – którym bawiąc w Białocerkwi jeździł – wymalowaną moją ręką, zażądał kilku portretów koni i innych prac moich. Zrobiłem sześć aquarel przedstawiających typy i sceny z węgierskiej wojny, co się tak podobało, że i następca tronu podobnego zażądał, i byłoby dalej tak szło.

Ale nie dla mnie Petersburg? – brakowało czegoś, co się nie da napisać. Wyjechałem w czerwcu 1852, przejechałem przez Warszawę do Wiednia zobaczyć się z bratem Leonem, któregoś od 48 nie widziałem, a który służył w ten czas w hułanach i stał pod Wiedniem. Bawiłem w Wiedniu i jego okolicach jeżdząc z ułanami, malując rotmistrzów i jenerałów aż wymalowałem oficerstwo dla brata, ponieważ pułk zmieniał leże i szedł do Węgier pod Peszt, więc z niemi udałem się w marsz, a miło było na ziemi obcej między swojemi pomarzyć o rodzinnej stronie, którą każden oddalony więcej kocha, posłuchać piosenek i konceptów narodowych.

Przejechałem połowę Węgier, bawiłem parę tygodni w Peszcie, a właśnie były sławne przeglądy wojsk, na których cesarz austryjacki i dzisiejszy rossyjski udział brały, było dużo do widzenia dla artysty, a szczególnie malarza scen wojennych i koni.

Ale trzeba było pożegnać Węgry i na zimowe leże wyruszyć, w Petersburgu czekało dużo roboty dla mnie, poznałem się zresztą i z znakomitymi artystami jak Willewald batalista, Neff historyczny malarz i ziomek i kolega Straszyński, z którym ilustrowaliśmy «Plejadę» dla Maurycego Wolfa. Znajomość u dworu, najwyższe protekcje, należało korzystać z tego.

Wyjechałem z Wiednia na Warszawę do Petersburga, było to w październiku 1852, przyjechałem do Warszawy, stanąłem w angielskim hotelu na kilka dni, ale Warszawa zalotnica wielka, jak poznałem bliżej co w tej Warszawie siedzi, jakie życie, jakie serca, że tu jest to czego gdzie jindziej trudno? – a jak jeszcze poczciwi ludzie zaczęli garnąć do siebie tego, co jich pokochał, to i Petersburga się odechciało i dobrze było w Warszawie".

Swobodna, chaotyczna opowieść Kossaka – chociaż nierównomiernie i w ogromnym skrócie daje wierny obraz decydujących lat jego życia i twórczości, porusza sprawy niezmiernie ważne, wyjaśnia po raz pierwszy rzeczy dotąd niejasne, wnosi poprawki, ustala daty i fakty.

Naprzód więc wytycza trasę wielkiej eskapady na wschód i na północ – Wołyń, Podole, Ukraina i z powrotem Kijów, Moskwa, Petersburg. Ustala ściśle czas jej trwania – od grudnia 1851 do czerwca 1852 – a więc pół roku. Z tego sama podróż, pobyt w Białocerkwi, kontrakty kijowskie, Moskwa musiały zająć co najmniej połowę owych sześciu miesięcy. W Petersburgu spędził więc Kossak nie półtora roku – jak to się zwykło niefrasobliwie podawać – a co najwyżej kwartał.

Nie widzę powodu, aby dłużej zatrzymywać się przy problemie – Kossak w Petersburgu. Szczęśliwie uniknął zamówień i sukcesów dworskich. Wspomniani przezeń Willewald i Neff – to nawet na tle współczesnych europejskich pompierów, drugorzędne figury urzędowe. Petersburg przez cały okres niewoli, ściągał na zmarnowanie niemały zastęp artystów Polaków, poczynając od Smuglewicza, Orłowskiego, Oleszkiewicza poprzez Siemiradzkiego, Gersona nawet samego Witkiewicza, a dalej – w drodze szczęśliwego wyjątku – Ciąglińskiego kolorystę wysokiej klasy i wielu innych, aż do suprematysty Malewicza. Jedno, co mogło wówczas odegrać pewną rolę w kształtowaniu się malarskiej wizji Kossaka w Petersburgu – to Ermitaż. Tym bardziej, że prawie równocześnie oglądał zapewne galerie wiedeńskie.

Okres od października 1852 do września 1855 spędza Kossak w Warszawie. Trzeba mocno podkreślić, że dla artysty były to lata przełomu. „Tu jest to – wyraził się z naiwną szczerością – czego gdzie indziej trudno" – dodam – mieć. Tak pisząc, o czym myślał? Pomijając sprawy bytowe, zabawowe, mógł i musiał w tym zdaniu zamknąć problem sztuki. Otóż Kossak trafił wówczas w Warszawie na zupełnie wyjątkowe «okoliczności» artystyczne. Na tzw. klimat, atmosferę wielkiej odnowy malarstwa. Na środowisko koleżeńskiej młodości, prące naprzód w poszukiwaniu nowym form i nowych treści. Zwrócone frontem do natury, zorientowane, czego szukać. Kossak stanął wówczas z młodszymi w jednym szeregu. Odnalazł siebie.

Tym razem przy sprawie – Kossak trzy lata pięćdziesiąte w stolicy – należy zatrzymać się dłużej. Rozpoczynam przewód od wezwania głównych stuletnich świadków stulecia, Wojciecha Gersona i Józefa Keniga.

Pomijam na razie różne początkowe uwagi Gersona, solidnego, obfitego ciężkopisa i referopisa i wkraczam od razu w samo sedno. Naprzód zaczepię jednak z owego początku koniec, gdzie autor *Zabójstwa Przemysława* – śmiesznego melodramatu, rozgrzeszonego kolorowym bogactwem materii malarskiej – tak się tłumaczy: „Przytaczam te szczegóły dla tego, aby uwydatnić jedną z najważniejszych stron talentu i działalności Kossaka, samorodność, stawiającą go na stanowisku zupełnie osobistym, na które wpływy postronne działały w sposób bardzo pośredni" – Zwracam uwagę – poważny, odpowiedzialny za słowa, Gerson, nie używa tu i gdzie indziej terminu samouctwo, ale samorodność. W tym jest cienka, delikatna różnica.

Czytamy dalej rzeczy bardzo interesujące, znamienne. „O ile wpływy zewnętrzne – pisze warszawski i tytularny, petersburski profesor – mało na kierunek Kossaka wpływały, o tyle silna artystyczna indywidualność jego odbijała się w życiu sztuki krajowej, i był czas, była chwila, w której zespolenie sił i wzajemne oddziaływanie na siebie artystów-malarzy, w Warszawie pracujących, stanowiło gremium budujące sztukę polską na podstawie wzajemnego dodatniego wpływu". – Kapitalna uwaga, jakże trafne i przemyślane spostrzeżenia.

„To grono – informuje Gerson – które pomiędzy latami 1850 a 1860, zwane było młodą generacją dla odróżnienia od dawniejszej, liczyło w szeregach swych: Józefa Brodowskiego, Franciszka Kostrzewskiego, Gierdziejewskiego, Ceglińskiego, Szermentowskiego, Władysława Bakałowicza, Henryka Pillatiego, Sypniewskiego – jako najwybitniejszemi i najoryginalniejszemi odznaczających się kierunkami". Warto przy okazji zwrócić uwagę na użyty tutaj termin Młoda generacja. Nareszcie grupa warszawskich nowatorów malarskich z połowy zeszłego stulecia otrzymała z rąk najbardziej miarodajnych właściwą, autentyczną nazwę. Młoda generacja pięknie się łączy znaczeniowo i dźwiękowo z Młodą Polską z końca stulecia. Warto by ją wprowadzić uroczyście do periodyzacji terminologicznej malarstwa polskiego – wprowadzić i utrwalić w najszerszym kręgu specjalistów, artystów i odbiorców sztuki.

„Grono to – kontynuuje Gerson – jedną ożywione dążnością podniesienia sztuki krajowej, w tym zjednoczeniu wzajemnym wpływem budziło energią w sobie, nie spuszczając zaś z oka osobistych oryginalnych dążności i zakresów plastycznych, dostrajało je tylko do pewnej wyższej, wielostronnie doskonałej formy. W tym gronie naszym Kossak zajmował miejsce wybitne, a stosunek ten, wpływ i łączność uwydatniły się nawet faktycznie w obrazie wystawiającym Bitwę pod Beresteczkiem wymalowaną olejno przez Brodowskiego, podług kompozycji Kossaka.

Do obudzenia życia i ruchu w sztuce pobyt Kossaka w Warszawie w latach pomiędzy 1852 a 1855 nie mało się przyczynił".

Sprawa Młodej generacji, którą tutaj poruszył Gerson, należy do szczególnie ważnych nie tylko z punktu widzenia dalszego rozwoju twórczości Kossaka, ale także z punktu widzenia rozwoju całego malarstwa polskiego. Nasza młoda sztuka znalazła się wówczas na splątanym rozstaju dróg, pomiędzy romantyzmem a rodzącym się realizmem.

Do arcyciekawych informacji Gersona dorzucę jeszcze ciekawostkę. Otóż takich spółek malarskich Kossaka w gronie Młodej generacji było więcej. Oprócz Bitwy pod Beresteczkiem z Brodowskim – wystawianej 1854 r. w TPSP w Krakowie – namalował w tym czasie z Kostrzewskim Przyjmowanie poselstwa na rynku małego miasteczka, gdzie groteskowy, ostry kontur konkuruje z jeszcze ostrzejszym kolorem, charakterystycznym dla niektórych wczesnych prac Kossaka – w spuściźnie po studiach u Maszkowskiego.

Kossak, o ile wyrósł we Lwowie, rozrósł się na Podolu, to dojrzał w Warszawie – rozwinął się, nabrał krwi i ciała. Najciekawsze co sam pisze o tamtych latach. Szczęśliwie zachował się jego list do Tepy z Warszawy, 7 maja 1854 roku. Zaczyna od wspomnień. „Drogi Franciszku! Twoje przypomnienie się niezmiernie mnie ucieszyło; ale dziwi mnie, jak ty mnie zapytywać możesz, czy ja zapomniał? Czyż można zapomnąć chwile spędzone we Lwowie razem, spacery na Wysoki Zamek, posiedzenia artystyczne i u mnie i u Ciebie, kiedy to się malowało miniatury! Mój Boże! wszystko minęło, a ludzie ci sami, myśl też sama; miejsca zostały – a reszta przeszła jak sen. A we Wiedniu? czyż to nie dałem Panu Dobr. na pamięć dla kolegi, z albumu mego cztery woły? – więc z tego sądź, że kiedy pamiętam woły i chłopa co batożek kręci, to Franka poczciwego, artystę kochanego nie tylko że nie zapomniałem, ale nie zapominam i zapomnąć nie mogę".

Tutaj mała przerwa. Zainteresować może wzmianka o Wiedniu i o miniaturach, a nawet zaintrygować. Bo jednak, czy nie tkwi jakieś ziarno prawdy w informacji Gersona – ogólnie biorąc mylnej – że „o początkach wykształcenia Kossaka w malarstwie wiedział Wiedeń, gdzie studiował w pracowni Waldmüllera, jednocześnie z Rodakowskim, Löfflerem i Zichym". Jak wiadomo, z tej trójki uczniem utalentowanego wiedeńczyka był Löffler, ale co ważniejsze, był nim także Tepa, który razem z Kossakiem malował owe miniatury. Można by z wielkim znakiem zapytania przypuścić, że Kossak otarł się jednak w Wiedniu o Waldmüllera, odwiedzając tam Tepę i że jednak w twierdzeniu Gersona jest ukryte ziarno prawdy.

Tym bardziej można by tak przypuszczać, że Józef Kenig, znany publicysta, przyjaciel artysty, takie snuje wspomnienia: „Ileż to razy utyskiwał przede mną, że wcześniej nie wziął się do ścisłego wyuczenia się techniki w swej sztuce. Wprawdzie czas jakiś studiował w pracowni Waldmüllera w Wiedniu [...] ale trwało to krótko. Nie brak chęci, lecz okoliczności zmusiły go tę naukę przerwać, jak mi sam wyznawał, przerwał ją z żalem, któremu najzupełniej wierzyłem. Bo pomimo wcześnie udowodnionych wielkich zdolności, nie należał do tych artystów, co dużą liczą na talent, a mało na pracę".

List Kossaka porusza jeszcze jedną zagadkową sprawę z jego biosfery. Czytamy: „Pro secundo: okoliczności miały nas zbliżyć; ale przeklęte moje przeznaczenie, że zupełnie co innego się dzieje, jak to co sobie zamyślam, i wtenczas nie dało mi uskutecznić tego, na com się cieszył naprzód. Wracając z Wiednia, wracałem z Panem hr. Adamem P. [Potockim], przypadkiem, jadąc do Warszawy; koniecznie chciał mnie wziąść na Wschód z sobą; obiecałem mu, dał dwa termina – i nic z tego wszystkiego. Tam bylibyśmy się zobaczyli". Tepa, jak wiadomo, w 1852/53 podróżował z Potockim po Wschodzie. Wynikałoby więc, że Kossak w owej krainie marzeń nie był. Równocześnie jednak Stanisław Tom-kiewicz, znany malarz i krytyk krakowski, twierdzi w «Kraju» (1899), że „Juliusz Dzieduszycki nie tylko obwozi go po krewnych i znajomych sportsmenach, ale bierze z sobą na Wschód, do ojczyzny koni arabskich. Potwierdza to K. M. Górski w «Sztuce Polskiej» (1904), we wstępie do Somosierry – „Nie dziw – pisze – że oglądając z Juljuszem hr. Dzieduszyckim na Wschodzie potomków słynnej klaczy Mahometa, Kossak zachował na zawsze w pamięci typ niewielkiego bachmata, o oku żywym, otwartych nozdrzach, grzywie bujnej, długim, odsadzistym ogonie. To pojęcie rumaka nigdy go już nie opuści [...] Ideałem jego pozostanie na zawsze latawiec Emira Rzewuskiego, o którym mówi Słowacki: „Koń jego arabski, był biały bez skazy". Wniosek: Nawet jeżeli Kossak na własne oczy nie widział potomków kobyły Mahometa, to niewątpliwie snuło się takie plany, co do tego nie ma żadnych wątpliwości. A może jednak widział, bo oto znajduję u Antoniewicza (1894) wiadomość, że Kossak „wszedł w bliższe stosunki [...] zwłaszcza z hr. Juliuszem Dzieduszyckim, który z nim odbył podróż na Wschód".

A oto listu do Tepy ciąg dalszy , właśnie na temat poruszony poprzednio przez Keniga: „Co się tyczy naszej poczciwej kochanki – poetyzuje artysta – która nas nigdy nie opuszcza, nam się nigdy nie sprzeniewierza, nawet swoim kosztem dosyć porządnie utrzymuje, wstęp między porządnych ludzi i kredyt wyrabia! – poczciwej i pięknej sztuki! – co się tyczy tej, muszę ci donieść, że nigdy o niej nie zapomniałem, i tak, jak dla córek Ewy bywałem ślepo wierny i bywam niestety – tak tem bardziej o Niej Pamiętam.

Pracuję ciągle – wytrząsa tutaj Kossak cały worek niezwykle ciekawych, konkretnych wiadomości – i staram się o ile możności robić postępy i Bogu dzięki lizie to jakoś, jest i doświadczenia trochę i wprawy i fantazyi nie brak – tylko – tylko. Ty wiesz co? – Tyś artysta, Ty mnie zrozumiesz, tego brak, że: nim się skończy jakie smarowidło, to jeszcze jako tako człowiek się cieszy, że może będzie coś lepszego, tymczasem zamiast finis coronat opus – clapit gloria mundi! – immer der alte Nazi. Pomimo tego pracuję ciągle, do olejnego zabieram się, maluję parę dni i rzucam, bo nie mam sposobu wykręcić się od akwareli, które robię na łokcie długości i szerokości; – tak Panie Dobr. a Ty wiesz że to potu czoła kosztuje zasmarować największego Wattmana, jaki egzystuje, dać temu kolor, czystość i siłę; wszystkie obstalunki akwarelą, dla tego, że rzadkość i moda; Mego rodzaju zawsze się trzymam, to jest: Portret amazonek i sarmatów konno, sceny z powieści naszych, gdzie konie, sceny z historyi, polowania, i tym podobne, co doskonale płacą, i ciągle mam obstalunki".

Oto bezcenne informacje z pierwszej ręki – ówczesne *credo,* plany, szczegóły metody – ogólnie. W dalszym ciągu listu referuje autor szczegóły, dotyczące obrazu, który stanowi punkt zwrotny na drodze jego twórczości, jest olbrzymim skokiem naprzód. Pisze o wielkiej kompozycji akwarelowej z 1854 roku *Śmierć Stefana Potockiego pod Żółtymi Wodami.*

„Ostatnia akwarela – komunikuje Tepie – już skończona i w środę oddana, bitwa pod Żółtemi Wodami, gdzie zginął Stefan Potocki, za czasów Władysława IV, bardzo tu się podobała nie tylko amatorom i znawcom, ale i artyści tutejsi, którzy, jak wszędzie niestety kochają się jak psy z kotami, oddają dużo pochwał, może niezasłużonych, ale cóż robić? – przyszlę wam fotografię z obrazu zdjętą, to wy tam swoje powiecie; długa na dwa blizko łokcie i półtora szeroka, grup głównych, robiących całość, z grupą środkową, gdzie figuruje Potocki, spadający z konia: pięć; – samych figur dwadzieścia, koni osiem, nie licząc w to głów ludzkich i końskich, rąk, nóg, zadków i półdupków, nosów na kopy; Fatalnie się biją, to sobie muszę przyznać, aż trzeszczy wszystko; widać, że o życie idzie i to ludzi znakomitych i odważnych. O reszcie nie mogę pisać, bo byś mógł myśleć, żem już zgłupiał na starość. Dosyć, że starałem się, przez kilka miesięcy, pracując powoli z namysłem; i dosyć mi się udało pomimo trudności".

Niewątpliwie *Bitwa pod Żółtymi Wodami* jest jednym z najistotniejszych obrazów Juliusza w ogóle i jednym z pierwszych, gdzie pokazał lwi pazur. Zachciało, chciało mu się „pracować przez kilka miesięcy powoli z namysłem". Jego opis jest rzadką osobliwością. Wesołość, żart, kpiny, łączą się w nim z powagą, z ambitną szczerością artystycznego zwycięstwa. W malarstwie Kossaka, a raczej w jego tle szerokim, w duszy wąskiej, prostej, w głębokiej studni natury, z której czerpał bez miary, kryją się prawdziwe skarby śmiechu. W opisie najtragiczniejszej bitwy pod Żółtymi Wodami – widać jasno, słychać, jak ten zdrowy śmiech dźwięczy w sąsiedztwie dramatu. Malarstwo Kossaka i pisarstwo Sienkiewicza czerpią z tych samych sarmackich źródeł – z nieśmiertelnych fraszek – na polu bitwy. Ciekawa i jakże rzadka okazja zobaczyć, jak sam artysta patrzy na swoją heroiczną i heroizowaną kompozycję.

Zgoła inaczej podpatrują obraz Kossaka oczy fachowego malarza – krytyka. Oto, co zobaczył w *Żółtych Wodach* Wacław Husarski (1948): „Obraz jest głęboko odczuty, rozmachem rysowniczym w odtworzeniu kłębowiska ciał końskich i ludzkich świetnie oddający zgiełk bitwy, a minorowym tonem barwnym – tragiczny nastrój momentu.

Przejawia się w nim ponadto nowa strona talentu Kossaka: dar kompozycyjnego układu. Dzieło jest istotnie skomponowane w sposób mistrzowski, z doskonałym podziałem na plany, z doskonałym rozkładem partii ciemnych i jasnych; plama centralna, najjaśniejsza, stanowiąca jakby ognisko świetlne całego obrazu, przedstawia postać główną: ginącego w nierównej walce młodego Stefana Potockiego, który wali się ze swego białego konia, stającego dęba. Ten koń jest arcydziełem: uderzająco prawdziwy, a jednakże mający w sobie patos bohaterstwa.

Kompozycję tę nazwałem mistrzowską. Jest ona istotnie w widoczny sposób oparta na schemacie, przejętym przez mistrzów siedemnastowiecznych, których artysta miał sposobność studiować w Ermitażu petersburskim; przypomina zwłaszcza batalie Van Meulena. Wybór wzoru jest w zasadzie bardzo szczęśliwy: siedemnastowieczny schemat kompozycyjny godzi się tu oczywiście doskonale z siedemnastowiecznym motywem, odpowiada przy tym, zdaje się, również temperamentowi artysty, bo wiek XVII, jego styl, sztuka, życie, stają się odtąd jednym z najgorętszych umiłowań Kossaka. Błąd obrazu polega na tym, że malowany akwarelą, zmierza do osiągnięcia efektów właściwych malarstwu olejnemu, tak jak rzeczy dawniejsze usiłowały zbliżyć się do wyglądu kolorowych sztychów. Kossakowi brak jeszcze ciągle zrozumienia materiału malarskiego".

Uwagi Husarskiego wydają się trafne. Sekunduje mu Gerson, jeśli idzie o „patos bohaterstwa" w typie van Meulena. Odsuwając zdecydowanie malarstwo Kossaka od wpływów Verneta, m. in. tak pisze

(1899): „Vernet w spadku wziął konia naturalnego, nieheroicznego i tak go wyobraził – odstępując w tym od tradycji francuskiej w czasie Ludwika XIV i bitewnych obrazów Van Meulena [...], konia «heroicznie» w historycznych obrazach pojmował Kossak przed wyjazdem do Paryża, jak świadczy o tym jego *Bitwa pod Beresteczkiem* z Janem Kazimierzem na białym bachmacie, komponowana w r. 1853".

Zupełnie inaczej, nieoczekiwanie, jednym rzutem malarza realisty ogarnął Witkiewicz obraz Kossaka, analizowany drobiazgowo przez Husarskiego. Zainteresowała go wierność naturze, ścisłość, prawdziwość ruchów. Twierdzi, że „Kossak już bardzo wcześnie, w samym początku swojej pracy nadawał koniom całkiem prawdziwe, lub bardzo bliskie prawdy, ruchy. W obrazie przedstawiającym bitwę pod Żółtymi Wodami, biały koń, stający dęba pod Stefanem Potockim, jest identycznie zgodny w ruchu, z końmi odtworzonymi przy pomocy migawkowej fotografii, a obraz ten był malowany w r. 1854". – Bardzo to pociągające, ale apodyktyczne – bo sprawdzić ową „identyczną zgodność" niełatwo.

Nawiasem mówiąc, warto zwrócić uwagę, że wówczas nie znała Kossaka „cała Warszawa". Może o tym świadczyć następująca informacja Adama Pługa (1880 r.). Akwarele Kossaka – zanotował – „zdobią głównie pałace magnatów galicyjskich, a mniej są w naszych stronach rozpowszechnione, wiemy tylko, – że w Wilanowie jest tak zwany pokoik Kossaka, wyłącznie poświęcony jego utworom, gdzie obok galerii portretów konnych (mężczyzn i kobiet) z rodu Potockich, znajduje się też *Bitwa pod Żółtymi Wodami*; a w Warszawie zaledwie kilka domów możniejszych obrazy tego mistrza posiada. Naturalnie, że wszystko to, jako własność prywatna, niedostępna jest szerszej publiczności".

To jasne.

Można by stąd wysnuć dodatkowy wniosek, że w Warszawie Kossak nie opływał w dostatki. Chociaż w liście do Tepy – może z pobudek ambicji – twierdzi, że „doskonale płacą i ciągle mam obstalunki". Ale skądinąd wynikałoby, że co najmniej początki warszawskie były trudne.

Bo oto znana dobrze, choć nie wszystkim, relacja Keniga (1889): „Tak wielki już wówczas i powszechnie uznawany talent, [...] dla kawałka prawie suchego chleba musiał retuszować liche fotografie u niejakiego Giwartowskiego. Oj twarde to były, twarde lata te od r. 1853 po za 1855! Kossak jednak nie tracił otuchy. I to minie – mawiał zawsze – trzeba tylko wytrwać, nie dać się złamać, przed cierpliwością i pracą nawet dyabli pierzchną... Szerment, bracie, pomyśl-no jakby nam sprokurować jaki serdelek na przekąskę, tyś na to majster. Szerment – był to później dobrze znany znakomity pejzażysta, wówczas uczeń i famulus Kossaka. I Szerment praktyczniejszy od swego mistrza i bieglejszy w chodzeniu koło powszedniego chleba, zawsze jakąś przekąskę upolował".

Dorzucę jeszcze rzeczowe wyjaśnienie Stanisława Witkiewicza: „Fotografie, które w owych czasach robiono, były rodzajem szkiców, wykonanych przy pomocy soczewki i chemicznego procesu. Dawały tylko cienie, to jest plamy czarne, i światła, to znaczy białe; resztę, półtony i wszelkie szczegóły kształtów dorabiało się ręcznie. Oprócz tak wykończonych portretów, publiczność żądała też fotografii kolorowych.

Kloch, który zajmował się takim kolorowaniem, poznawszy Kossaka, dobrego już akwarelistę, zaczął mu dawać robotę. Z czasem, jak mówi Marcin Olszyński, mieszkanie Kossaka zamieniło się w jakieś biuro kolorowania fotografii, w którym i Kloch już stale siedział i pracowało kilku innych, między którymi Szermentowski. Roboty było dużo, zarobek względnie niezły. Kossak ważniejsze roboty wykonywał sam, dozorując jednocześnie całego warsztatu. Takie zastosowanie na razie znalazł jeden z największych talentów naszej sztuki w stolicy kraju, w środowisku życia umysłowego".

Na koniec, jeszcze do Keniga, który tak kończy swój obraz czarny. „Pisząc o tych czasach, mógłbym opowiedzieć dzisiejszemu pokoleniu artystów, jaka to wówczas była dola ich poprzedników, jak trudne życie. Wielka publiczność sztuki nie rozumiała, nie znała się, nie kochała jej i nic nie kupowała. Tylko chwaliła lub ganiła na wiarę, stosownie do tego, jak kto głośniej wywrzeszczał pochwałę lub naganę. [...] Nie było ani towarzystw sztuk pięknych, ani wystaw stałych, ani wreszcie pism ilustrowanych, które wprawdzie nieraz sztukę i talent wysokiego pokroju przyduszają i na karła przerabiają, ale go przynajmniej od głodowej śmierci jako tako chronią. Przed czterdziestu laty nie było nic, co podtrzymuje, ale za to na wszystkie strony wyrastały dławiące siły.

Wytrzymano jednak.

Prawda, że się wspierano wzajemnie wedle sił i możności, że istniała pewna braterska solidarność, uznanie i wzajemny szacunek."

Ciekawie brzmi ostatnie zdanie bogatego w informacje listu do Tepy: „Teraz zacznę dla Pana Hr. Włodzimierza [Dzieduszyckiego] polowanie z Dzieduszyckimi żyjącymi i z nieboszczykami niestety". Wynikałoby więc, że jedną ze swoich najwytworniejszych kompozycji, znane *Polowanie w Poturzycy* co najmniej zaczął malować Kossak jeszcze w Warszawie w ożywczej atmosferze Młodej generacji. Do okresu pierwszej połowy lat pięćdziesiątych należy jeszcze drugie reprezentacyjne polowanie dla Branickiego. W autobiografii artysta wspomniał je wśród swoich wczesnych szlagierów – „Z daw- niejszych prac – pisze – zacytować mogę *Żółte Wody, Beresteczko, Polowanie w Białocerkwi* i wiele innych". Ale jakich?

Mały antrakt – plotki, anegdotki personalne. Jednak na temat pierwszorzędnego znaczenia dla życia i twórczości artysty. Naprzód o zabawnej niezgodności tak zwanych dokumentów.

Zaczynam od świadectwa-monstre, od «Dziedzictwa» Zofii Kossak. Sto bitych stron pierwszego tomu zajmuje wnuczce-autorce szczegółowy opis starań dziadka-malarza golca o rękę królewny niejakiej, niebrzydkiej i niestarej, imć panny Zofii Gałczyńskiej na nie lada jakich, ba i to jakich Siąszycach z przyległościami – „cum gais, boris et graniciebus, kmetonibus, scultatis et omnibus rebus" – w Kaliskiem. W owych to legendarnych, przewspaniałych Siąszycach ponoć poznał ją, pokochał i rozkochał. Skandal «niemożebny», mezalians. Sceneria jak u Fredry. Dwór arcyszlachecki rozpada się na «dwie nierówne połowy» – intrygi, intryżki, scenki sentymentalne. Pro i contra. Tatuś – pro – szlachetny powstaniec, sybirak rzuca asa. Konkury nędzarza malarza – uwieńczone happy endem, z łaski pańskiej. Cud. Ale, za pozwoleniem, nie tak zaraz. Rok próby wielkiego postu, kwarantanny. Po czym dopiero cichy ślub i pospieszny wyjazd do Paryża, jakby kto gonił. Bajka, wdzięcznie zainsce- nizowana, cóż kiedy niezupełnie prawdziwa, wyssana w szczegółach z serdecznego palca. Należy przestrzec tych, którzy pisząc o Kossaku oparliby się najlżej – nawet jednym małym palcem o «Dziedzictwo», w trzech tomach. Weszliby sami i wprowadzili czytelników na fantastyczne bezdroże. «Dziedzictwo», to nie jest nawet *vie romancée*, to nowy rodzaj, nazwać go można *vie imaginée*. Cóż, tam gdzieś dzwonią, jakieś dalekie echa czegoś tam, co było i czego nie było, brzęczą.

Krańcowo odmienna jest na ten sam temat relacja innej wnuczki artysty – nie po Tadeuszu, a po Wojciechu – wnuczki weredyczki, Magdaleny Samozwaniec: „Swoją żonę – rąbie bez ceremonii autorka «Marii i Magdaleny» – ujrzał Juliusz pierwszy raz na Nowym Świecie w Warszawie, gdy szła ze swoją matką. Zrobiła na nim piorunujące wrażenie.

– Popatrz – rzekł przytrzymując za ramię swojego przyjaciela – co za pyszna panna. Z tą to bym się nawet ożenił. Jakżebym ją chciał poznać.

– Nic łatwiejszego – odparł mu na to ów przyjaciel. – To jest panna Gałczeńska, u której matki bywam częstym gościem. Zapytam się tych pań, czy mogę cię do nich wprowadzić.

Juliusz był już wówczas znanym malarzem, więc pani Gałczeńska, Kurnatowska z domu, zgodziła się, aby im został przedstawiony. Ponieważ miała pięć córek, a majątek dość zadłużony (bo dama puszczała pieniądze na rozliczne podróże), więc chętnym okiem spoglądała na młodego i wybitnie przystojnego konkurenta, pragnęła tylko wiedzieć, czy młody malarz jest pochodzenia szlacheckiego, bo inaczej, oczywiście, małżeństwo jego z piękną Zosią nie byłoby mogło dojść do skutku. Juliusz żadnych papierów szlacheckich nie posiadał, ale dał jej «szlacheckie słowo honoru», że jest szlachcicem, i wówczas matrona zgodziła się na to małżeństwo. Na tych więc dość słabych podstawach oparta była wiara starej pani Gałczeńskiej i jej córki Zofii w szlacheckie pochodzenia rodu Kossaków". To już wygląda prawdopodobnie, chociaż bez żadnej delikatności, niepoważnie, czyste kpiny i wreszcie jak można przekręcać nazwisko, co prawda tylko jedną literę.

Ostatecznie więc, w jakich okolicznościach poznał sławny Juliusz swoją przyszłą żonę? Takie głupstwo, a taka rozbieżność mitów. I szukaj prawdy. Tym bardziej, że wciska się tutaj bezczelnie jeszcze jeden świadek i to niebyle jaki, Józef Skarbek Borowski, znany reakcjonista. Jego relacja weksluje oczywiście, w kierunku arystokracji. „Zaproszony do Radziejowic – opowiada Skarbek – uroczej siedziby hr. Adamów Krasińskich, poznaje tam piękną pannę Zofię Gałczyńską; wzajemne uczucie miłości zbliża do siebie te dwa serca. Wkrótce stają u ołtarza i na zawsze łączą się w związek małżeński, oparty na tem szczęściu, które ich w życiu nigdy nie opuszczało. Pan Bóg pobłogosławił licznem potomstwem: dwie urocze córki, swego czasu ozdoby krakowskiego, tak świetnego towarzystwa, dzisiaj wzorowe żony i matki, na naszych kresach tworzą ogniska cnoty, obyczajów i kultury polskiej: trzech synów dzielnych, z których każdy pracuje w swoim zawodzie, to chluba, pociecha i szczęście sędziwych rodziców". Widać, że pisane to było jeszcze za życia artysty – choć z takim namaszczeniem – «z takom seriom», jak na uroczystym pogrzebie.

„Głosiciele bezsensu są z zasady śmiertelnie poważni" – powtarzam za autorem «Obecności» odwracając, nie bez strachu, semiotycznego kota ogonem, ze względu na parametry aksjologiczne.

A jednak niewykluczone, że Radziejowice odegrały jakąś rolę w mariażu Kossaka. Wskazywałaby na to jego późniejsza (1877) kompozycja uwieczniająca wspomnienie, zatytułowana: *Kossak z Hr. Krasińskim jadą do pp. Gałczyńskich.* Może na ślub, który odbyć się miał we wsi Kościelne Grochowy, nie opodal Siąszyc 25 sierpnia 1855 roku. Prezentują się szykownie. Otwarte lando, trójka koni, na koźle stangret w cylindrze i krakowiak.

Kończmy zabawę. Niech sam Kossak wyjaśni, jak było naprawdę: „W roku 1855 – wspomina – jadąc Krakowskim Przedmieściem zobaczyłem śliczną brunetkę jidącą z P. Biernacką, żoną artysty skrzypka i przyjaciela jeszcze z Galicyji. Jakby we mnie strzelił, nie wyszła mi już z głowy ta postać i Bogu najwyższemu dzięki nie wychodzi, bo jest moją najdroższą żoną. Zofia z Gałczyńskich, ożeniłem się i oprócz żony znalazłem nowych rodziców i siostry – kochanych jedynych".

I tak oto zamyka się kawalerski, cygański żywot Juliusza Kossaka, a zaczyna w różowym świcie miłości żywot stateczny, ale trudny, jak się później okaże. Trudny i coraz trudniejszy z biegiem lat. Pieluszki – rozkosze ojcostwa i toalety balowe – drobne mizerie matrymonialne – źle łączą się, źle wiążą się z malarstwem. Walka o przyzwoity poziom domu kłócić się będzie z walką o poziom sztuki. Jednak początek nowej epoki układa się znakomicie i nic nie zapowiada na razie degrengolady po latach.

Artysta urzeczywistnia wreszcie cel, który przyświecał mu od dawna. Osiąga szczyt marzeń – Paryż. Towarzyszy mu „jedna z tych, co rumienią się i bledną", jak to napisał po malarsku Kapliński do Lenartowicza zachwycony dwudziestoletnią czarodziejką. „Po ślubie, w miesiącu wrześniu – pisze Kossak – wyjechałem z żoną zagranicę w celu kształcenia się na serio i zdobycia tego, czego w domu nie można było dostać". Krótko i węzłowato. „W celu kształcenia się na serio".

To były bardzo dawne plany. Na ten temat zachowało się kilka relacji tzw. autorytatywnych. W warszawskim liście Kossaka do Tepy z 7 maja 1854 roku można znaleźć następujący sygnał. – „Do Paryża już wiesz od kiedy jadę? – po Kijowach, Moskwach, Petersburgach siedziałem po kilka miesięcy, w Warszawie siedzę już drugi roczek nieuroku; a Paryż? – na łasce Pana Zygmunta Rodakowskiego, któren mi w połowie marca jeszcze obiecał od samego Pana Namiestnika Gołuchowskiego przysłać paszport – a tymczasem już połowa maja blizka. Oj tak mój kochany – nieszczęśliwy ten Paryż, nie wiem dlaczego dla mnie tylko? A teraz właśnie mógłbym jechać". To daje do myślenia. Mógł, a więc miał za co. Nie potrzebował niczyjej łaski. Skąd miał? Zapewne z dwóch źródeł. Od Potockich – Maurycego i Augusta z Wilanowa i Jabłonny – zamówienia portretowe i myśliwskie – ostatnio oddane *Żółte Wody.* A także z chałtury fotograficznej, rozmieniającej na drobne, ale dochodowej. Z listu widać ponadto, że Rodakowskich znał jeszcze ze Lwowa.

Jednak wątpię, czy byłoby słuszne twierdzić, że pchnął Kossaka w kierunku Paryża Henryk Rodakowski, który studiował tam już od 1847, a odnosił legendarne sukcesy od 1852 roku. Myślę, że nie zrobił tego nikt inny, jak Piotr Michałowski i w tym punkcie zgadzam się częściowo ze Skarbkiem, chociaż jego broszura roi się od naiwności i błędów. „Wskutek rady i usilnych nalegań – opowiada Borowski – swego głównego mentora Piotra Michałowskiego, jedzie do Paryża, podobno z listem Michałowskiego do Horacego Verneta, ażeby w pracowni tego, nieprześcignionego dotąd mistrza kształcił swój talent. Widok stolicy świata cywilizowanego, nagromadzone tam skarby, galerye obrazów w Louvrze i Wersalu, cały blask dworu drugiego cesarstwa olśniły i oczarowały umysł młodego artysty. Z całem zapałem oddał się pracy i jak mi opowiadał, od wschodu do zachodu słońca, malował lub studyował dzieła sztuki. Przedstawiony w Hotelu Lambert, poznał tam cały świetny zastęp polskiej emigracji".

W radę i usilne nalegania wierzę, natomiast w list polecający do Verneta nie wierzę. Wydaje się wątpliwe, aby Michałowski zalecał Kossakowi studia u Verneta, można przypuszczać, że Kossak próbował jednak iść w Paryżu drogą Michałowskiego. Nie wykluczone, że pewne elementy jego studiów zagranicznych pochodzą z dawnych, a może nawet z nie tak bardzo dawnych rad genialnego malarza. Nie trzeba jednak zapominać, że w roku 1855 Michałowski był już ciężko chory i że zmarł 9 czerwca 1855 r., na parę miesięcy przed wyjazdem artysty.

A oto dalszy ciąg relacji Kossaka. „Zwiedziwszy Berlin, Bruxellę, Antwerpię, a właściwie zbiory sztuki, po miesięcznym pobycie w Bruxelli przyjechaliśmy do Paryża, do celu, do którego jeszcze w Jarczowcach, rysując z P. Juliuszem, lub Władysławem Dzieduszyckim konie, wzdychałem. I nie zawiodłem się w oczekiwaniu mojem, zobaczyłem wielkie dzieła, wielką pracę, wielkich ludzi, w wielkim narodzie. Rozczulała mnie sympatia, jaką znachodziłem na każdym kroku i szacunek, z jakim się każdy Francuz odzywa, kiedy mu powiesz żeś Polak. Ale nie trzeba szukać tego tam, gdzie niektórzy chcieliby zastać i podług tego sądzą, po hotelach, kawiarniach, restauracyiach, które są kosmopolityczne tak samo, jak gdzie w Colonij lub Wrocławiu. Żyłem z tym szlachetnym narodem pięć lat i w nim jednym mamy prawdziwego przyjaciela".

Że Kossak w swojej wyprawie po wiedzę malarską na serio trzymał się od początku zaleceń Michałowskiego, takie przypuszczenie mogłyby nasuwać już jego pierwsze kroki w podróży – Belgia, zwiedzanie zbiorów Brukseli i Antwerpii. Michałowski, jak wiadomo, żywił kult dla Flamandów i Holendrów. W liście z Amsterdamu z 9 czerwca 1846 roku m. in. tak pisał: „Teraz widziałem arcydzieła Rembrandta, Steena, Holbeina, Pottera, o których nawet wyobrażenia nie miałem [...] Velasquez, którego tu jest kilka obrazów, zbliża się także do tej szkoły przez naiwność i wzniosłą prostotę pędzla". Wolno sądzić, że już w Bolestraszycach w czterdziestych latach zapadły decyzje wolnych studiów paryskich Kossaka.

Myśl o Michałowskim nasuwają także niektóre informacje Witkiewicza: „W pierwszym roku pobytu w Paryżu – twierdzi w swojej książce – Kossak kopiował w Luwrze konie Géricaulta, pejzaże Ruisdaela, skopiował Marię Medicis z jej apoteozy malowanej przez Rubensa, kopiował też obrazy Troyona. Wieczorami chodził rysować modele z natury do którejś ze szkół prywatnych". A więc poruszał się Kossak w swoich studiach pomiędzy romantyzmem, barokiem a realizmem. Chyba trafnie. Takie były istotne elementy jego malarstwa. Wiadomość powyższa jest o tyle ważna, że stosunkowo najmniej znamy szczegółów z pierwszego roku Kossaka w Paryżu.

Nadto wybór artystów, których dzieła wówczas kopiował, szczególnie Géricaulta, wskazywały wyraźnie na wpływy Michałowskiego, który w okresie Charleta sam kopiował jego prace.

W gruncie rzeczy, pomimo niezwykłej popularności Juliusza Kossaka w Polsce, wiarygodny materiał, jakim dysponuje się do historii jego życia i dzieła, jest ubogi i fragmentaryczny. A co gorsze, czasami bywa nawet kontrowersyjny, dyskusyjny, sporny. Tak się przedstawia na przykład sprawa z jednym z głównych problemów jego paryskich studiów – z domniemaną, albo kwestionowaną nauką u Horacego Verneta. Rzecz jest niewyraźna. Sam Kossak jej nie wyjaśnia, a raczej zaciemnia. Daje miejsce dla domysłów. „W Paryżu – pisze – zastałem poczciwych dawnych kolegów i przyjaciół między innemi Rodakowskiego znakomitego malarza i wielu innych. Poznać Verneta, słyszeć od Niego słowo, było także mojem marzeniem, i to się spełniło, przyjął mnie jak najszczerzej, otworzył dla mnie swoją pracownię w każdej chwili, i na domiar grzeczności trzymał mi Wojtka do Chrztu". Szczere przyjęcie, trzymanie dziecka do chrztu – to są sprawy towarzyskie. Natomiast zaproszenie do pracowni, to już daje do myślenia.

Czy Juliusz z owej inwitacji skorzystał? Większość piszących o Kossaku za jego życia, komplementowała go, zaszczycała twierdzeniem, że był uczniem Verneta. Nawet ów „Wojtek", opowiadając o swoim chrzcie twierdzi że „w ostatniej chwili mistrz Horacy Vernet, batalista stojący wtenczas u szczytu sławy i wielkości, a mojego ojca nie tylko nauczyciel, ale i szczery przyjaciel, sam swoją kandydaturę postawił". Tak, czy owak, zapewne istniały wówczas bliskie stosunki z Vernetem. Czy Kossak był jego uczniem? Biografistyka nasza przechyla się ostatecznie na stronę poglądu, że nie był. Prawdopodobnie pod wpływem dwukrotnych publicznych oświadczeń mistrza Gersona.

Zapewne słusznie. A jednak, należy sobie zdać sprawę, kim był Vernet wówczas, szczególnie dla europejskiej prowincji, a jeszcze bardziej dla polskiej. O ile o Michałowskiego malarstwie wiedziało wówczas co najwyżej kilku jego sąsiadów hreczkosiejów, to o Vernecie wiedziały u nas tysiące. Jego sławę roznosiły sztychy. Nie było domu, gdzie by nie wisiał na ścianie książę Józef skaczący do Elstery. Sławę Verneta rozpowszechniał January Suchodolski, jego dyletancki uczeń, współpracownik i naśladowca.

Pomimo wszystko jednak zdaniem Gersona Kossak nie był jego uczniem. Pierwsze oświadczenie na ten temat, zasłużony pedagog warszawski opublikował w czterdziestolecie pracy malarskiej artysty, uroczyście święcone w Krakowie. Nawiasem mówiąc, Kraków wówczas sypnął się i wprowadził w błąd inne nasze stolice, albowiem pierwszy występ publiczny Kossaka odbył się nie w 1849 roku a w 1847 roku, na wystawie lwowskiej. Mniejsza o to. W «Tygodniku Ilustrowanym», w numerze 335 roku 1889, w obszernym artykule poważnym, jak sam jego autor, Gerson twierdzi, co następuje: „W wieściach, jakie o Kossaku krążą pospolicie, powtarzana jest jedna, utworzona w czasie jego pobytu w Paryżu, zdaje się, iż dla zwrócenia uwagi niektórych kół publiczności, wierzącej w wartość tego typu, co nosi na sobie stempel zagraniczny. Mam sobie za obowiązek sprostować ją tutaj. Kiedy Kossak w r. 1855 wyjechał do Paryża i odwiedził Horacego Verneta, nasłynniejszego malarza bitewnego i najpotężniejszego przedstawiciela tego kierunku, pisano w dziennikach warszawskich, że Vernet ucałował Kossaka, że zachwycony został jego pracami, i że nasz artysta pod kierunkiem słynnego batalisty kształcił się dalej. Z tej powiastki prawdą niewątpliwą jest tylko to, że Vernet uprzejmie przyjął Kossaka, wierzyć także należy, iż mógł być bardzo zajęty bogactwem, trafnością i oryginalnością jego pomysłów: o kształceniu się zaś Kossaka pod kierunkiem Verneta, to już zupełna bajka. Twórczością niesłychanie płodną zajęty nasz artysta, zaledwie miał czas na wykonanie niewielkiej liczby studyów głów i figur ludzkich w prywatnej tak zwanej akademii, czyli po prostu pracowni malarskiej zbiorowej, konie zaś studyowaliśmy razem parę miesięcy w roku 1857, w lecie w pracowni (przy ulicy Lamartine), którą wynalazłem, ugodziłem i do której zaprosiłem bawiących podówczas w Paryżu kolegów: Kossaka, Henryka Pillatego, Sypniewskiego, Raczyńskiego, Tepę i innych". Artykuł Gersona ukazał się za życia Kossaka, który nie protestował. Pomimo to liczni krytycy, jak m. in. Tadeusz Jaroszyński, a przede wszystkim sam Jerzy Mycielski, profesor U. J. – uparcie podtrzymywali mit o studiach u Verneta.

Wreszcie spokojny i opanowany Gerson z nie hamowanym oburzeniem rąbnął obu adwersarzy w odpowiedzi skierowanej formalnie pod adresem Tadeusza Jaroszyńskiego. Artykuł, na który zwróciła mi uwagę p. Maria Olszaniecka, spec pierwszej klasy – opublikował Gerson w 15 numerze «Głosu» w roku śmierci Kossaka – 1899 pod tytułem «Strzępek prawdy z przed czterdziestu lat». Cytuję go tutaj w obszernym wyborze, zawiera bowiem obok strzępka prawdy o Kossaku, całą prawdę o wiecznym kompleksie niższości naszych badaczy i krytyków – prawdę do dziś żywą, nieprzebrzmiałą.

Na początku wytyka Gerson błąd drobny, po czym tak pisze: „Ważniejszym atoli jest drugi błąd, w którym prawdopodobnie autor artykułu (T. Jaroszyński, «Głos», 1899, nr 6) poszedł za słowami hr. J.Mycielskiego, jakoby Kossak był uczniem Verneta i to wyraża w stanowczej formie: «przez kilka lat pracuje u Verneta», a dalej nie waha się dodać «Jakkolwiek wielkim był wpływ tego mistrza na naszego, jednakże Kossak zawsze potrafił zostać sobą, przyjmując nawet formalne strony paryskiej szkoły».

Dlaczego przypuszczam – pisze Gerson – że p. T.J. poszedł za zdaniem Mycielskiego, oto dlatego, że hr. Jerzy Mycielski usiłuje wszelkiemi możliwemi środkami w swoim grubym tomie (700 stronic) obszernemi wstępami wywieść każdego malarza polskiego od jakichś zagranicznych, naciągając prawdę, na sposób Taine'a, do założonej tezy, a w samorodność i samodzielność polskich talentów wcale nie wierzy... W książce tej, wydanej dwa lata temu, znajduję zapisane tożsamo podwójne o Kossaku zdanie: na str. 591 powiedziano, że «Kossak za całkiem od utworów Verneta zależnego uważanym być musi»; na str. 592 z odmianą powtórzono, że «pierwowzór konia swego wziął od tej chwili [pobyt w Paryżu] od Verneta już na dobre» a dalej «ta to cecha dzieł Kossaka, a koni jego zwłaszcza, idzie w nim wprost od Verneta, przy całym, rozumie się, stałym i pełnym uroku charakterze polskim, który każdemu szczegółowi utworów swych zostawia.»

Był więc Kossak, a raczej stał się, całkiem od Verneta zależnym i jednocześnie pozostał przy «całym i pełnym uroku charakterze polskim», co byłoby możliwe tylko w takim razie, gdyby konie Verneta miały «cały i pełny uroku charakter polski», – że go nie miały, wiemy.

Wyjdźmy z tego labiryntu słów – radzi Gerson – na drogę prostej prawdy. Odpowiadam tu jednocześnie i autorowi życiorysu ś.p. Kossaka, w «Głosie» zamieszczonego i słowom p. J.M., wyrzeczonym z taką pewnością, że mogły w błąd wprowadzić wielu.

Na to, że Kossak przez «kilka lat pracował u Verneta» odpowiem krótko: Kossak przez cały czas pobytu swego kilkuletniego w Paryżu był nie więcej, niż dwa razy u Verneta pokazywał mu swe prace, zyskał pochwały znakomitego batalisty, ale uczniem Verneta dlatego nazwany być nie może, bo nim nie był ani godziny, a wpływ Verneta na Kossaka przeto nie mógł być większym, niż Belangera, Charleta i innych, których obrazy i rysunki oglądał nasz artysta w Luxemburgu w historycznej galerji Versalskiej w Luwrze i w Salonie corocznym. Niepodobna też twierdzić, że K. przyjął formalne strony paryskiej szkoły, jak twierdzi T.J. w «Głosie», chociażby z zastrzeżeniem, że potrafił zostać sobą, albo żeby, jak twierdził p. Jerzy Mycielski, «koń uheroizowany w pomysłach Kossaka począł ukazywać się od chwili zobaczenia konia Verneta.»

Widzimy – kontynuuje Gerson – że pierwowzoru konia swego Kossak nie wziął od Verneta, jak chce p. J.Mycielski (str. 592, wiersz 5), ale za to wiemy dobrze, skąd go wziął. Wziął go z bezpośrednich studiów z natury, czynionych w stadninach magnackich galicyjskich i wszędzie gdziekolwiek się z przyrodą zetknął. Zetknięcie to było w naturze talentu Kossaka ciągłe, bezustanne, obdarzony pamięcią niesłychanie chwytną i wierną, K. przechowywał w niej wrażenia z nadzwyczajną żywością tak, iż obserwacja życia zastępowała mu studia, dokonywane mozolnem kopiowaniem natury; wystarczyły mu notaty."

Nie znam artykułu Gersona pisanego z takim temperamentem, tak gorąco – na dobitkę artykułu, gdzie trafia się w samo sedno Kossakowskiej twórczości.

„Zaznaczywszy wyżej – pisze Gerson – czym nie był Kossak w Paryżu i czego nie robił, musimy dodać, co robił.

Jak to zauważyliśmy wyżej, Kossak miał już w tej zaprzeczanej mu umiejętności stosowania wyrazu postaci plastycznej do danego założenia niepospolitą praktykę, skoro «heroicznego konia» zrozumieć, odczuć i wyrazić potrafił. Z taką tedy umiejętnością przyjechał do Paryża, w dalszym ciągu chwytaniem wrażeń rozwijał się. Technika do tak niewielkich wymiarów postaci, jakie w akwarelach były mu potrzebne, wystarczyła mu zupełnie, stąd poszło, że studiom, w właściwym znaczeniu wyrazu, mało poświęcał czasu.

W pracowni własnej na Rue Vanneau (numer, jeżeli mnie pamięć nie zawodzi, 17 czy 23) wspólnie z Kostrzewskim, bawiącym podówczas (r. 1856) w Paryżu, wymalował naturalnej wielkości głowę wschodnią, co mu dość przedstawiało trudności: wieczorami w latach 1856, 1857 spotykaliśmy się w pracowni figurowego zakroju (w której Kapliński i Pillati Henryk, Sypniewski i inni studiowali), utrzymywanej przez byłego modela Suissa (na citée), a oprócz tego w lecie 1857 roku udało mi się zaprosić kolegów do wyszukanej w mojej okolicy na rue Lafitte, pracowni parterowej na studia koni. W tej zbiorowej pracy wziął udział Kossak, wraz z małym naszym gronem, do którego należeli: Tepa, Sypniewski, Pillati i Raczyński. Z pracowni przy ulicy Vanneau tymczasem wychodziły ciągłe pomysły obrazowe, których bogata wyobraźnia twórcza Kossaka była zawsze pełna."

Cóż, w rezultacie bałbym się wyrokować w tej, pomimo wszystko, niezupełnie jasnej sprawie. Nie wykluczone, że w pewnym sensie wszyscy mieli rację – to znaczy, że oczywiście Kossak nie był uczniem Verneta, bo Vernet nikogo nie uczył, nie nauczał, nie miał szkoły, co najwyżej w drodze wielkiej łaski pozwalał patrzeć, jak sam swoje arcydzieła maluje.

Cóż jeszcze można dodać do sprawy Kossak-Vernet. Witkiewicz – wszystko razem banał – twierdzi, że „Główną siłą przyciągającą Kossaka do Paryża był zapewne Horacy Vernet – niezależnie od tego powszechnego uroku i pociągu, jaki Paryż w ogóle miał i ma dla artystów [...]. Poznanie z Vernetem ułatwia Kossakowi księżna Marcelina Czartoryska", ponoć. Daje trochę bezwartościowej anegdoty z magla – w sumie niepoważnie wykręca się. Sygietyński twierdzi nie bez racji, że Kossak miał sto okazji w Polsce poznać i kopiować Verneta. Suchodolski wspomina go niezbyt czule. „W atelier jego można było robić, co się podobało, bębnić, trąbić, psy poszczuwać, aby tylko mistrza na nagniotek nie nadeptać, albo w łokieć nie trącić. Tegoż tylko wymagał, zresztą niczym nie można było żenować tego *meilleur garçon du monde.*

– Pozwalam ci patrzeć jak robię – to już było u Verneta koncesją nadzwyczajną."

Kostrzewski kpił z Paryża, z Kossaka i z Verneta, „U którego – jak pisał do Warszawy – nie byłem i nie będę, bo na to trzeba mieć duże wąsy". Tylko Baudelaire potraktował go na serio. „Horacy Vernet – pisał w «Salonie 1846» – jest to żołnierz, który zajmuje się malarstwem. Nienawidzę tej sztuki, robionej pod werbel bębna, tych płócien tynkowanych w galopie. Aby określić Horacego Verneta w sposób całkowicie jasny, dodam, że jest on absolutną antytezą artysty i zastępuje rysunek schematem, mieszaniną farb kolor, epizodami całość; maluje Meissoniery wielkie jak świat" – Wystarczy.

Kossak zyskał, jeżeli szczęśliwie ominął go Vernet, razem ze swoją pracownią. Vernet zgoła pośledni inscenizator półromantyzmu, malarska taniocha, pompier szablonów podszyty zdartym napoleońskim płaszczykiem, łasy na carskie ruble.

Tymczasem zaczął się masowy exodus malarzy polskich za granicę. Przede wszystkim do Monachium a także do Paryża.

Wkrótce przybywa Gerson nad Sekwanę na dłużej. Matka artysty notuje w swoim raptularzu: „20.XI.1856 wyjechał Wosio do Paryża"; 12.II.1858, o godz. 2 z północy, wrócił Wosio z Paryża". Podobnie, jak Rodakowski studiuje u akademika Cognieta. Polaków w tym czasie tam nie brak – uczą się złego malarstwa m.i. Lunda, Tepa, Maleszewski, Kwiatkowski, Dylczyński. Ponoć najbliższe stosunki towarzyskie łączyły Kossaka w Paryżu z Kaplińskim i Rodakowskim. Śladem tych kontaktów jest twarda, rysunkowa akwarela Kossaka (z 1857 r.) prezentująca pracownię Rodakowskiego, piękny szkic węglowy tego ostatniego (z 1856 r.) prezentujący wdzięcznie Zofię Kossakową, a także szkic kredkowy, przedstawiający Juliusza, sygnowany „W dowód szczerej admiracji stary przyjaciel Henryk Rodakowski."

Wypada także przypomnieć, że w Paryżu Kossak nie tylko uczył się, jak mógł i umiał, ale także nauczał – Józefa Brandta od 1859 do 1860 roku. Kandydata na inżynierię dróg i mostów – którego pchnął na malarstwo. Wreszcie Norwid, częsty gość u Kossaków, jego wspaniały – oczywiście, niezrozumiały dla adresata – wiersz o Generale Dembińskim z portretu Rodakowskiego.

Szkoda gadać – atmosfera, jaką odetchnął tam Kossak, była ożywcza. W autobiografii referuje bez polotu – „W Paryżu – przy nauce ciągłej – wykonałem i dużo obrazów do kraju. Znaczniejsze z nich: portret cesarza Franciszka Józefa konno, po ułańsku, dla miasta Stanisławowa, podróż w Pyryniach [?] dla Xięż. Hamilton, stado ukraińskie, polowanie, na którem cała rodzina żyjących Dzieduszyckich przedstawiona konno i pieszo i na bryczce – dla Hr. Włodzimierza Dzieduszyckiego, pochód wojsk, sceny z włoskiej wojny i wiele innych. Oprócz tego jilustrowałem «Śpiewy historyczne» do nowego wydania «Pieśń o ziemi naszej» także jeszcze nie wydane, «Manfreda» i «Mazepę» Choćki" (tak!). Nasuwa się pytanie, czy pomimo wszystko owe „obrazy do kraju" nie paraliżowały jednak, nie usuwały na drugi plan „nauki ciągłej."

Jak się zdaje, jak można sądzić z bardzo niepełnych wiadomości, którymi dysponuję, musiało być tych obrazów wiele. Już w Brukseli zrodził się portret Lelewela i przekończony *Kafarek,* dziwaczny dość jeździec Krakus z kogutem na zadzie końskim, a zającem przytroczonym u boku, w asyście chartów, na tle oddziału kawalerii. A potem, co rok prorok i to nie jeden. Na ogół kompozycje na poziomie Kossaka najwyższym. W roku 1855 – *Polowanie w Poturzycy* u Dzieduszyckich, wspomniane przez autora w autobiografii – rozpoczęte jeszcze w Warszawie, jak wiemy z listu do Tepy. Obraz ten prosi się o słowa zachwytu. Jest to, płynny, wibrujący pejzaż ludzi, koni, psów wtopionych w lasy i gaje. Wytworny w kolorze i walorze widok staropolskiej natury z «Pana Tadeusza».

Rok 1856 przynosi znakomity portret konny Łubieńskich. Niewątpliwie z malarstwa Michałowskiego rodem. Układ, rytm, forma, kontrast, stylizowana w tańcu końska elegancja. Tegoż roku zrodził się w Paryżu ów przedziwnie szczęśliwy rezultat naiwności i sentymentu, poetycznej świeżości i artystycznej finezji, sławna *Przeprawa promem przez Dniestr* – jak to ładnie ocenił Antoniewicz. Z roku 1857 wywodzi się m.i. *Polowanie na lisa.* Rok 1858 jest pod znakiem «Mohorta» (W.Pol. 1855) – którego zaraz wziął na warsztat nie tylko autentyczny prymityw Suchodolski January, ale sam genialny Piotr Michałowski. Z roku 1859 mamy portrety konne – Tarnowskiego, Zamoyskich. Z roku 1860 kilka porywających plansz «Pieśń o ziemi naszej». Za wiele czasu w Paryżu na „kształcenie się na serio" Kossak nie miał. Tym bardziej, że wypadało część należną oddać żonie, chłopakom – już trzem – wypadało bywać, przyjmować.

„Co Kossak porabia, czy się do nas nie wybiera? Tak tu coś mówią, ale zdania są rozmaite, widać, że i on niezdecydowany" – pisze Gerson do Tepy z Warszawy 26 czerwca 1860 roku. „Kossakowie z całą familią, z wszystkimi młodymi Kosikami opuszczają Paryż we wrześniu i stale mają zamieszkać w Warszawie, gdzie urządzi wielkie Atelle" – pisze do Olszyńskiego Szermentowski z Marlotte 9 sierpnia. „Kossak na dobre myśli w Warszawie osiąść, najął już mieszkanie [...] parę akwareli tu wystawił, znać w nich postęp, ale szkoda, że to zawsze tylko akwarele, przy jego kompozytorskim talencie zdałaby się też i potężniejsza technika". Pisze Gerson do Tepy. Wreszcie „Kossaka macie już niezawodnie w Warszawie" – Szermentowski w liście z 14 października 1860 komunikuje Olszyńskiemu. Potwierdza to «Czas», który w rubryce „przybyli" informuje, że przyjazd ten nastąpił 15.X.1860. Wtrącić należy, że wedle «Dziedzictwa» Zofii Kossak miało to mieć miejsce 27 lutego 1861 roku, w dniu 5 poległych – żeby było ładnie, heroicznie, dramatycznie – chociaż nieprawdziwie.

Kończąc rozdział o paryskich studiach Juliusza Kossaka, należy zwrócić uwagę, że ich wynik był konsekwencją malarską, dalszym ciągiem Warszawy – obcowania, wymiany doświadczeń, nauki wzajemnej w ówczesnym twórczym środowisku Młodej generacji. Paryż nie przyniósł malarstwu Kossaka nowej formy, ale rozwinął, pogłębił, wysubtelnił niedawną. O ile można i trzeba stwierdzić – po Paryżu – odkrywczość, wynalazczość, nowatorstwo, rewolucyjne przemiany u takich, jak Michałowski, w pewnej mierze Rodakowski, może Aleksander Gierymski, kolosalnie Szermentowski, Boznańska, Ludwik Delaveau, zapomniana chluba sztuki polskiej, u takich jak Makowski, Waliszewski Cybis i setki innych – to nie u Kossaka. Pięć lat Paryża były dlań niewątpliwie odświeżeniem, podnietą ambicji, pogłębieniem świadomości – ogromnym pożytkiem. Potrzebna, konieczna była mu ta ożywcza kąpiel w europejskim oceanie. Wyszedł z niej odmłodzony, wzmocniony, z niemałą zdobyczą obserwacji, wprawy – ale nie wyszedł z niej odmieniony do gruntu. To co napisałem o jego związkach

Paryża z Warszawą, to nie przenośnia, to realność – w Paryżu wkrótce przecież znalazła się jego Warszawa, prawie cała Młoda Generacja z Kostrzewskim i Gersonem na czele. Dalej były prowadzone w paryskich pracowniach – podobne wymiany idei, wspólna nauka, wspólna praca – jednak z tą olbrzymią różnicą, że przez ścianę promieniowały arcydzieła Luwru – kolor, walor, materia malarska, a nie pokraczne reprodukcje.

Zapytuje Gerson z Warszawy (1.II.1859) Tepę w Paryżu: „Jak też Kossakowi idzie olejne malowanie naturalnej wielkości? – To ciekawa rzecz". Jeżeli Kossak nawet próbował zmienić skórę nad Sekwaną, zmienić wymiary nie papieru, a płócien, dojść do naturalnej wielkości figur – to bez powodzenia. Został, musiał zostać przy swojej oryginalnej, organicznej, dotychczasowej formie malarskiej – może bardziej wyrafinowanej, urozmaiconej, śmiałej. I dobrze. „Zaokrąglenie imaginacji artystycznej" – jak to napisał Kostrzewski o sobie – było główną, ważną zdobyczą Kossaka w Paryżu.

Okres pełnych ośmiu lat poparyskich spędzi Kossak w Warszawie, od października 1860 do listopada 1868 roku, „pomny zaproszenia braci hr. Potockich", dorzuca w swojej publikacji Skarbek Borowski. Czy potrzebnie? Nie wiadomo. Oczywiście nasuwać się może pytanie, dlaczego liczna rodzina Kossaków, tak jakoś nagle porzuciła Paryż, w okresie wyjątkowo gorącym, burzliwym, rewolucyjnym dla Warszawy, kiedy na niebie ojczyzny ze wszystkich stron błyskało się. Jakie mogły być przyczyny powziętej decyzji. Czy artystyczne – Polskę z natury malować, czy patriotyczne – może istniał zamiar przystąpienia do przygotowywanej akcji, a może jakaś tajna misja z Hotel Lambert. Kto to wie, przecież obaj bracia malarza pójdą do lasu. Ale może wchodziły w grę przyczyny zupełnie inne, prozaiczne, tzw. bytowe. Może zjawiły się trudności utrzymania wysokiej stopy w Paryżu. Tak nagle? Tak właśnie. Albowiem chyba w prozaicznych kategoriach – jak to się na ogół zdarza – należy szukać odpowiedzi. Otóż, Wojciech Gałczyński, ojciec, teść, sympatyczny opiekun, zmarł właśnie w roku 1860. Trzeba było zapewne uregulować sprawy spadkowe – to jasne. Może liczono także na owych krezusów Pilawitów.

Trochę żywych obrazów. „Rodzice moi – opowiada Wojciech Kossak w roku 1912 – opuścili Paryż w przededniu styczniowego powstania, aby osiąść w Warszawie. Dom, w którym zamieszkaliśmy, pamiętny jest dla mnie tak silnymi wrażeniami, że do dzisiaj jeszcze chwile te żyją w pamięci. Dom ten stoi jeszcze w niczym nie zmieniony, pomimo że leży w centrum Warszawy. To żółta kamienica w stylu Cesarstwa na rogu Alei Jerozolimskich i Nowego Światu. Ile razy przechodzę tamtędy, zawsze spoglądam na zardzewiały balkonik, z którego dziećmi, z Tadeuszem, moim bliźniakiem, rozszerzonymi ze zgrozy oczyma przypatrywaliśmy się tragicznemu życiu ówczesnej Warszawy. [...] Rodzice wyszli. Dzień ciepły, kwietniowy. Byliśmy z Tadeuszem sami w domu, gdy raptem od placu Trzech Krzyży doszedł nas jakiś dziwny hałas: tętent koni po bruku i przeciągłe jakieś wrzaski, skandowane wystrzałami. Wybiegamy na balkon. Pusty przed chwilą Nowy Świat pełen, aż het ku Wiejskiej, jakichś dziwnych jeźdźców. Na głowach olbrzymie barane papachy, różnokolorowe żupany, maleńkie, krótkonogie konie. Na kulbakach skórzane poduszki czynią sylwetę odrębną, koń mały tuż przy ziemi, a kabardyniec gdzieś wysoko. Pędzą po bruku co konie wyskoczą, jedni szaszkami machają, trzymając w wyszczerzonych zębach kindżały, drudzy palą z pistoletów".

Niejedno wstrząsające widowisko mogło poruszyć w tamtych latach wyobraźnię malarza. W roku 1860, 27 listopada manifestacja przed Karmelitami na Lesznie. Odtąd niemal co dzień manifestacje i pieśni. 25 lutego 1861 – rocznica bitwy pod Grochowem. 2 marca pogrzeb pięciu poległych, 8 kwietnia – wielka manifestacja, około 200 zabitych. Wojsko obozuje na ulicach. Setki nabożeństw. 14 października – stan wojenny. 16 października zamknięcie kościołów. 3 lipca zamach na w.ks. Konstantego. Z 14 na 15 stycznia 1863 roku – branka. Wybuch powstania. 19 września zamach na Berga. 17 października 1863 – dyktatura Traugutta, 10 kwietnia 1864 – aresztowanie, 5 sierpnia – egzekucja na stokach Cytadeli.

Juliusz Kossak chociaż nie poszedł do lasu, swoim malarstwem służył sprawie, jak umiał. Wspomina syn jego Wojciech: „Powstanie upadło. Szubienice stawiano dla przykładu nie tylko na stokach Cytadeli, ale już na placach publicznych. [...] W tym czasie ks. Napoleon Bonaparte miał w Izbie Deputowanych w Paryżu gorącą mowę za sprawą polską. Nie wiem, czy to emigracja, czy też Rząd Narodowy prosił mojego ojca, aby wykonał obraz większych rozmiarów, mających być dowodem wdzięczności Polaków dla księcia Napoleona za tę mowę.

Mój ojciec, nie dbając, czym to groziło, wziął się natychmiast do dzieła i wykonał wielką akwarelę, przedstawiającą wyjście oddziału Taczanowskiego z Pyzdr Wielkich w Kaliskiem. [...] Były to czasy najgorsze, aresztowania doszły zenitu. Mój ojciec zrobił na prośbę swoich przyjaciół przynajmniej to ustępstwo, że po robocie w pracowni kazał zamykać obraz w łazience. [...] Rewizja, jak zwykle. Weszli niespodziewanie bez dzwonka, bez pukania, rodzicom z miejsc ruszyć się nie pozwolili. Oficer, z lodowatą grzecznością, poprosił ojca o klucz do pracowni, matkę zaś o klucz do biurka. Przerzucili wszystko [...] do jednej łazienki nie weszli, a tam właśnie był ów karygodny obraz".

Są jeszcze inne obrazy Kossaka związane z powstaniem jak np. *Bitwa pod Ignacewem* (1865) obraz natchniony ekspresją, kontrastem ciemnych i jasnych partii, malowanych wielką plamą, a nie sztrychem – romantyczny.

Sprawę malarskiego udziału artysty w dramacie 63 roku, poruszył kiedyś, doskonały krytyk K.W. Zawodziński w artykule «Juliusz Kossak a powstanie styczniowe», drukowanym w «Wiadomościach Literackich». Zawodziński pisze na marginesie wystawy grottgerowskiej w Muzeum Narodowym w Warszawie 1938 roku: „Omawiając wspomnianą wystawę p. Mieczysław Wallis stwierdził mimochodem brak jakichkolwiek ech powstania w malarstwie Juliusza Kossaka". Uwagi Zawodzińskiego, chociaż nie zawodowca, na poruszony przez Wallisa temat – trafne, oryginalne sięgają daleko poza problem powstania, do istotnych rzeczy. Słusznie akcentuje on „paradoksalną sytuację". Oto „jeden z najznakomitszych (chociaż dziś pokrzywdzonych przez krytykę fachową) artystów polskich XIX w., a w każdym razie najpopularniejszych, najwierniej odpowiadających psychice społeczeństwa i najbardziej w jego życie wrośniętych, nie posiada miarodajnej monografii; książka Stanisława Witkiewicza jest raczej zbiorem impresyj i ogólnych represyj, niż jakimś uporządkowanym wykładem wiadomości o twórczości, a tem mniej o życiu Kossaka. Zwłaszcza pierwsze ćwierćwiecze jego działalności, jego *Lehr – und Wanderjahre,* te lata, w których z dziwną szybkością dojrzewał wciąż ucząc się od oficjalnych i nieoficjalnych mistrzów, ale najbardziej od życia samego, układającego mu się barwnie i z zadziwiającym urozmaiceniem, te lata w których zmieniał nieustannie miejsce pobytu, środowisko i styl malarstwa – te lata znane są nam tylko z nieuporządkowanych na wpół legendarnych i sprzecznych przekazów". Sytuacja, nad którą uboleva znakomity krytyk, historyk i teoretyk literatury, stając w obronie malarstwa polskiego, żeby sprawiedliwości stało się zadość – do dzisiaj nie uległa istotnej zmianie.

Ma rację, kiedy tak pisze o życiu Juliusza: „Żywot ten, który prosi się o ujęcie w formę jakiejś *vie romancée* jeszcze pełen jest zagadek dla kogoś, kto by w jakiejkolwiek sprawie musiał weń wejrzeć. Tak jeśli chodzi o r. 1863. Wiadomo, że Kossak, żonaty już i dzieciaty, był wówczas od roku kierownikiem artystycznym «Tygodnika Ilustrowanego» i ze względów cenzuralnych powstanie było mu jako temat oficjalnie wzbronione. Mimo to, w sposób dla mnie nie wyjaśniony, szereg współczesnych rycin, jakbyśmy dziś powiedzieli – reportażowych, zdradza jego rękę, a czasem jest reprodukowany z jego nazwiskiem (np. *Wyjście partii,* por. «Tygodnik Ilustrowany» z r. 1907, nr 10). Mało tego, w temże piśmie w r. 1910 drukowano «Kartki ze wspomnień Juliana Wieniawskiego – Jordana», w numerach 26 i 31 podane reprodukcje razem czterech rysunków Kossaka , bez jego podpisu ale najoczywiściej autentycznych – pomylić się nie można, tak wyraźne są cechy jego ołówka – (ze zbiorów Soubise-Bisièra), stanowiących projekty umundurowania wojsk powstańczych: wyższy oficer i kawalerzysta, kosynier i oficer piechoty, artylerzysta i krakus. Brał więc Juliusz udział swem pędzlem w organizowaniu sił narodu w owym momencie".

Poglądy są podzielne. W świetle gorących, niebezkrytycznych uwag Zawodzińskiego, blednąc, zdania pełne żółci, przesadzone w swojej racji, jakimi uwiecznił Antoni Sygietyński udział „pana Juliusza" w malarskiej akcji powstańczej. „To co ten ostatni z owych czasów narysował jest poprostu wstrętnym dla ludzi, którzy na nie patrzyli okiem czystym i świeżym". Twierdzi tak Sygietyński, myśląc zapewne o sobie i o Maksymilianie Gierymskim. Nie bez racji, ale bez znajomości rzeczy, zapominając, że Juliusz Kossak był nauczycielem Maksa i że miał na swoim koncie także pięknie malarską *Bitwę pod Ignacewem*, gdzie cały pejzaż z sosnami jest taki, jakby go sam wielki pejzażysta Maks Gierymski malował.

W związku z udziałem Juliusza w akcji powstańczej–ilustratorskiej – dorzucę jeszcze drobiazg. Muzeum Wojska Polskiego w Warszawie posiada w swoich zbiorach 23 reprodukcje fotograficzne kolorowane akwarelą (z cyklu: projekty ubiorów Kossaka) robione dla powstańców 63 roku, nr. inw. 35397/I-23. Sprawa została jako tako wyjaśniona.

Posuwamy się dalej, naprzód, szybkim krokiem. Problem pierwszorzędny Kossaka, kto wie czy nie jeden z głównych. Sprawa ilustratorstwa – mająca dwa oblicza – malarskie i literackie. Ktoś powiedział, może ja sam, w Kossaku ilustrator zabił malarza – ilustratorstwo zabiło malarstwo. Czy to słuszne. Jak każde twierdzenie apodyktyczne, niewątpliwe słuszne tylko w pewnej mierze. Że Kossak był ilustratorem urodzonym, z kości i krwi, to pewne. Ilustratorem od dziecka, od wczesnej młodości, że ilustratorstwem przepojone jest czasem do dna jego malarstwo – to wydaje się niewątpliwe. Istnieje jakby wzajemna zależność, która zarówno jednemu jak i drugiemu rodzajowi nie wychodzi na dobre. O ile malarstwo, przy ogólnym upadku w ramach produkcji masowej, do końca jednak posiada nagłe indywidualne wyniosłości – to ilustratorstwo potoczy się szybko i nieprzerwanie w dół po równi pochyłej. Ale w tej chwili jesteśmy na szczycie.

Nic więc dziwnego, że Juliusz Kossak, stworzony na inspiratora ilustracyjnej, drzeworytniczej, rysowniczej strony wszelkich drukowanych publikacji, zabłysnął piękną zdolnością na kartach «Tygodnika Ilustrowanego», kiedy ujął pałeczkę dyrygenta.

Głos zabiera Ludwik Jenike, redaktor wymienionego periodyku: – „Od 1-go marca 1862 roku – notuje we wspomnieniach pisanych żywo i barwnie – berło kierownika części artystycznej Tygodnika, po Lewickim, przeszło w ręce Juliusza Kossaka, utalentowanego malarza i rysownika, którego prace, pełne życia i prawdy, od pewnego już czasu zamieszczane były w moim piśmie. Kossak więc zaczął odtąd stale bywać na sesjach naszych i to właśnie przyczyniło się wielce do ich ożywienia. Anczyc i Kossak obaj byli Galicjanami; udawali przeto zapamiętałych patriotów austryackich i przemawiali do siebie łamanym językiem niemieckim, wtrącając raz po raz słowa: «unser Kaiser Franz Joseph». W wolnych chwilach Kossak rysował piórem na kartkach zręczne karykatury urzędników austryackich i wojskowych, Anczyc zaś na miejscu dowcipne do szkiców tych dorabiał wierszyki". Oto mamy informacje z pierwszej ręki. „Z objęciem przez Kossaka przewodnictwa artystycznego, część obrazowa Tygodnika wielce się ożywiła i udoskonaliła. Wyborne jego kompozycje coraz częściej zdobiły teraz nasze pismo. Drzeworytnictwo też polskie, pod jego kierunkiem, szybko się rozwijało. Pracownicy tacy, jak Styfi, Regulski, Gorazdowski, Przykorski, Krzyżanowski i inni, nie tylko dorównywali zagranicznym, ale ich nawet prześcigali. Kossak nie ograniczał się na udzielaniu ogólnych wskazówek, ale w dniach oznaczonych dawał im lekcje rysunków".

Zamieszczone w «Tygodniku» ilustracje do «Pamiętników starającego się» to niezapomniana, niezrównana karta malarstwa polskiego. Dzieło wielkiego talentu – kreski, linii, plamy, typu, charakteru – groteski, humoru, drwiny – podpatrzenia, obserwacji, podejrzenia. Powinna to być wesoła książka polska dnia codziennego, ale nie jest nią – zasypana pyłem niepamięci, «Pan Tadeusz» pomieszany z «Pickwickiem». Poznał się na niej Witkiewicz. „Kossak, jako kierownik (artystyczny) Tygodnika – w którym się powieść Jeża drukowała, ilustrując ją, nie krępował się niczem i nikim, nie miał na uwadze żadnych innych względów, prócz względów artystycznych. Cokolwiek mu się z tej powieści zamieniało w obraz, rysował w tej chwili, z niepohamowanem życiem i wstawiał tam, gdzie tekst wskazywał […] Każde słowo przeczytane zamieniało się w tej chwili na pełne charakteru i siły postacie i obrazy, które z gwałtownością dobywały się z pod ołówka".

Praca w «Tygodniku», publikowane tam drzeworyty – to znikoma część twórczości Kossaka w tym czasie. W dramatycznych okolicznościach życia polskiego, rozwija Kossak iście mrówczą, niezmordowaną aktywność we wszystkich kierunkach swojego pędzla i ołówka.

Z okresu «drugiej Warszawy», pochodzi szereg świetnych, a co ważniejsze, nowatorskich, nowych, wynalazczych obrazów. Do nich należą m.in. *Jarmark pod Warszawą* (1866), znakomity w układzie, w ruchu, w charakterze. Jest tam między innymi prezentacja, typowa do dziś, chabety rozpędzonej, wprawionej w ruch przez handlarzy – prezentacja kapitalna. Z tego obrazu doskonałe fragmenty czerpał później Chełmoński żywcem. Dalej dwa obrazy podobne do siebie i podobnie znakomite *U wodopoju* i *Stadnina* (1867) – nie będę tutaj wdawać się w schemat buchalteryjnych katalogowych opisów. Z obrazów tych wkrótce tenże Chełmoński zaczerpnie polskość jak źródlaną wodę. Z tych trzech nowel malarskich Juliusza Kossaka – oczywiście między wielu innymi – romantyzm polski wpłynął na szerokie wody polskiego realizmu. Z tego gatunku dzieł Kossaka, rodziła swoją odrębność malarską, stawiająca właśnie pierwsze kroki cała „najmłodsza generacja" wraz ze swoim wielkim mistrzem Maksem.

Godnych uwagi, wielkich, dekoracyjnych, barokowych, romantycznych kompozycji Juliusza z tych lat istnieje niemało. Trzeba wspomnieć chociażby o niektórych. A więc – taka dekoracyjna mieszanina realizmu z barokiem jak *Spotkanie w Habelschwerde* (1866) na jarmarku – rycerze, koncerze, obok krów, świń, gęsi, kaczek, *Lisowczycy nad Renem* dużo miejsca, co za konie, jakie czapki, pióra, jaka chorągiew, linia konturów barokowa, *Szwoleżerowie pod Wagram* (1866) i *Łubieński pod Wagram* (1867) – plątanina koni i ludzi wściekła, *Pani Pupardowa* (1867) – wytwornie wystylizowana „pod każdym względem", żadnego ścisku, *Mikołaj Gniewosz ratuje Jana Kazimierza pod Zborowem* (1867) – w układzie, w ruchu, w napięciu, scena reprezentacyjna dla prawdziwego *„peintre d' histoire", Rodakowski pod Custozzą* (1868) – trafiony kontrast siwych dymów, dzielących ciemne sylwety kawalerii i piechoty – wytworny, lekki bieg *en avant* bohatera sceny – obraz utrzymany w walorze, drzewa pierzaste osiemnastowieczne, wreszcie najsłabsza *Somosierra* (1864), płaska, nieruchawa. Oto charakterystyczne obrazy Kossaka z warszawskich lat, po Paryżu, w wyborze.

Wreszcie rzecz czołowa, pierwszorzędna – na koniec. Cóż takiego? Oto zwykły sobie kalendarzyk – «Rok Myśliwca» (1866) Wincentego Pola i tegoż autora «Pieśń o ziemi naszej» (Poznań, 1865), zaczepiająca jeszcze o paryskie czasy. Kiedy je teraz, pisząc przy stole na jednej nodze, oglądam w wyobraźni, mam oczy mokre. Znam i kocham polski pejzaż i twierdzę, że Kossak pierwszy sięgnął mu do głębi i zatargał. Cóż kiepski banał. Szukajmy. Epos natury polskiej, świeży, nie tknięty, ciągle młody. Zdumiewający talent ten Juliusz Kossak – najpiękniejsze, najdroższe sercu polskiemu perły i dziewięćdziesiąt procent fabrykatów.

W sumie okres warszawski, podminowany powstaniem, wypada znakomicie, bezkonkurencyjnie. Juliusz Kossak nie był artystą całkowicie osiadłym. Potrzeba ruchu tkwiła w samej naturze jego temperamentu. Myślę, że kilkakrotne zmiany miejsca, zmiany środowiska, jakie podyktował mu bieg życia – były nie tylko konieczne dlań, ale i pożyteczne. Jednak każda taka odmiana dekoracji budowała mu nieco odmienną sztukę, jeżeli nawet nie wpływała zdecydowanie na powstanie nowej formy, to «rozwijała skrzydła» starej, dynamizowała ją u samych podstaw. Powstawały inne, ciekawsze wersje, odmienne wizje dawnych obrazów. Był to rozwój. Bo chociaż, czyta się tu i tam, że Kossak był, jakby niezmienny – jest to nieporozumienie. Kossak rozwijał się do końca. Ale po swojemu, nawet wtedy kiedy topił się w oceanie bezwartościowej, taniej «reprodukcji».

Pod koniec okresu swojej drugiej Warszawy – uczuł artysta potrzebę nabrania szerszego i głębszego oddechu malarskiego. To mało. Uczuł nawet nieodpartą potrzebę generalnej rewizji żywota i sztuki. Z wymienionych dwóch potrzeb – pierwszą zrealizował pobytem blisko rocznym w Monachium – drugą przeniesieniem się na stałe z rodziną do Krakowa. Jak zawsze, rodzi się pytanie, dlaczego zdecydował się opuścić Warszawę. Przypuszczenie najbardziej sensowne, to chęć zakosztowania łagodniejszej formy niewoli, a ponadto, zapewne wchodziło w grę pewne zakwaszenie się, nadpsucie idealnych stosunków w głównym miejscu pracy w «Tygodniku Ilustrowanym», a może także w Zachęcie, gdzie wyłącznie wystawiał w latach 1860-1870, całkowicie pomijając Kraków.

Już w 1867 roku przeprowadza Kossak krótki zagraniczny rekonesans, wypad, wywiad – wizytując Paryż i Monachium. Przypuszczam, że wywiad Kossaka miał na celu wybór. Kossak wybrał Monachium. Wyjazd z Warszawy nastąpił w końcu listopada 1868 roku. Dokumenty.

„W obecnej chwili Monachium cieszy się całą kolonią artystów Polaków – melduje Kossak Olszyńskiemu w liście z 4 stycznia 1869 r. – i tak masz tu: Brandta, Maleckiego, Kurellę, dwóch Gierymskich, Pillatiego, Świeszewskiego, Benedyktowicza, Redlicha sztycharza. Z Księstwa Poznańskiego Łaszczyńskiego, Szembeka i Szolca, nawet Piwnicki, ten co to u mnie kiedyś malował, może być policzonym do tego kółka; jak widzisz, kompanijka niemała. [...] Maluję w pracowni Adama, która się składa z 3 atelij, jedno przy drugim, komunikujących się między sobą – i tak w pierwszej maluje sam Adam i jedna uczennica, bardzo ładna i z talentem dziewczynka, w dnie zaś, kiedy w Akademii nie ma kursów, młodszy Gierymski robi studia pod przewodnictwem poczciwego Adama, w drugiej przyległej maluję ja i starszy Gierymski, w trzeciej Brandt."

Trudno mówić o szczególnie systematycznych studiach w pracowni Adama. Bo zaraz dalej czytamy „Gdybyś chciał, ażebym co do «Kłosów» narysował, to mi napisz". Po czym następują informacje o „drzewkach", o transporcie, o opakowaniach, opłatach itp. „Gdybyście mieli powieść jaką Jeża, toby była najlepsza rzecz". Łatwo się domyślić, że jakaś większa «chałturka» byłaby Kossakowi najmilsza. Całej tej korespondencji do Olszyńskiego przyświeca interes – zapewne wzajemny.

Wreszcie zapytam – czy w ogóle posiadały głębszą, malarską wartość studia u Adama? I odpowiem, cytując siebie samego „Bo cóż to było w gruncie rzeczy owo prywatne atelier przyjacielskiego Franza? Była to prywatna majsterszula, gdzie nie chodziło już o ćwiczenia, o wprawki, ale o naukę «sklejania obrazów do kupy». Ale jak? Oczywiście przy najlepszej woli mistrza tak, jak to on sam umiał robić. Z czego? Z elementów, jakie mu były najlepiej znane. W jakim gatunku, charakterze, stylu? W takim, jaki miał największe szanse powodzenia i sprzedaży, w guście przeciętnego odbiorcy.

Jak prezentowało się malarstwo Franciszka Adama? Były to historyczno-rodzajowo-batalistyczne, romantyczno-realistyczne kompozycje, symulujące ruch i życie, wierne w kostiumerii i anegdocie. Dzisiaj – pozycje słownikowe, jak na przykład *Francuscy kirasjerzy w czasie pożaru Moskwy* albo *Odwrót spod Solferino* czy *Bitwa pod Sedanem* – roboty hołdujące, «nowatorstwu» Meissoniera i Menzla.

Sygietyński w swoim albumie, w 1886 roku, niebezkrytycznie oceniał tę produkcję. „Franciszek Adam (1815-1886) – zanotował – ten jedyny batalista, jakiego Niemcy posiadają, brał wzory z natury i urządzał je w obrazach swoich, jak mu się podobało, bez uwzględnienia praw naturalnych oświetlenia i harmonii barw".

W następnym monachijskim liście Kossaka z 28 lutego 1869 r. jeszcze wyraźniej rysuje się dominacja spraw finansowych. Decyduje się – jak mówi – „zgłodniały trochę za drzewem wskutek długoletniego nawyknienia" – na przerabianie dla Kłosów rysunków jakiegoś nieznanego bliżej K. Tyssona. „Proponuję – pisze – rysunek nowego *Targu Końskiego na Pradze*, podług akwareli dużej, którą zrobiłem dla Lwowa, a która obecnie na wystawie tutejszej znajduje się". Wysuwa pewne warunki handlowe: „Ale musiałaby być – pisze – na jedną stronicę, bo podług fotografii przekalkować trzeba". Wychwala towar. „Miejscowość z natury wzięta, ruchu dosyć, w każdym razie lepsza jak tamten *Targ na Pradze*." Wreszcie trochę jak na prawdziwym targu: „Co do ceny, to ażeby uniknąć kopiejek, ułamków itp. będę się rachował na sztuki, mając jako normę calówkę polską itd." Wreszcie podbija bębenka «Kłosom», pisząc – „Widzę Ungra zżymającego się i Jenikego oburzonego na nicość mojego postępowania, ale służyłem im dość długo i miałem za to liche postępowanie Ungra ze mną, niech poczuje moją stratę; zresztą pisząc do niego, wyjeżdżając z Warszawy powiedziałem, że od współpracownictwa dla «Tygodnika» nie odsuwam się, mogli się więc zgłosić do mnie. Widać, że się doskonale beze mnie obejść mogą".

Lepiej nie zaglądać za kulisy wielkiej twórczości, a w danym razie wytwórczości. Co najsmutniejsze to traktowanie przez artystę swoich udanych, silnych świeżością, młodością obrazów, jak *Targ na Pradze,* tak jakby to były próbne modele, klisze przeznaczone do dalszej mechanicznej autoreprodukcji. W liście z 22 czerwca 1869 komunikuje Kossak Olszyńskiemu m.in. „Posłałem akwarelę *Omnibus warszawski* na wystawę Zachęty, jeżelibyś sobie życzył zdjąć fotografię, Tobie jedynie pozwalam". Należy dorzucić od razu, że był to jeden z najciekawszych obrazów artysty, zupełnie oryginalny – później wielokrotnie przez wielu naśladowany. Obraz ten stanowił w jego twórczości znamienny krok, skok w kierunku realizmu. Leżał być może w atmosferze monachijszczyzny, raczej przyszłej niż ówczesnej, współczesnej, którą nieco wyprzedzał. Trudno dopatrzyć się w nim wpływów Adama. Natomiast wyczuwa się jakieś ukryte związki z dawnymi ilustracjami do Jeża. Równocześnie wystawia Kossak w Zachęcie *Pocztylionów* (olej) i *Polowanie na lisa* (akwarela).

O czym wszystkim króciutko, ale pochlebnie zanotuje 22 IX 1869 roku Felicjan Faleński w liście do Estreichera – „Kosak nawet ogromnie się znowu dźwignął".

W dalszym ciągu listu do Olszyńskiego komunikuje Kossak: „Pisałbym jeszcze, ale czasu nie ma, kończyć muszę, maluję na tutejszą wystawę, która w sierpniu będzie otwartą *Przegląd stada Mohorta,* dużą akwarelę. Brandt, Kurella, Gierymski, Malecki również przygotowują, co mogą. Kunstverein tutejszy zakupił tego roku także kilka naszych obrazków: Gierymskiego, Brandta i mój olejny. Gdybyś chciał, mógłbyś mieć i rysunki przeznaczonych na Wystawę Wielką Gierymskiego *Pojednek konny z czasów Stanisława Augusta,* Kurelli *Rybkę* z ballady Mickiewicza, Brandta *Przegląd koni zabranych przez Lisowczyków falzgrafowi nadreńskiemu,* z moim tylko trudna sprawa z cenzurą, bo dużo czapek i mundurów polskich, czego nasi cywilizatorowie nie lubią."

„W naszym cichym Monachium – donosi Kossak Olszyńskiemu 8 sierpnia – ruch wielki z powodu wystawy i jarmarku, tak zwanego Dult, nasi wracają albo wyjeżdżają do kraju na wakacje, macie tam pewno już u siebie Pillatiego z medalem, ten wam dużo mądrego i niemądrego będzie opowiadał o naszym tutejszym życiu". Brandt za *Lisowczyków* zagarnął złoty medal. Kossak nagrody nie dostał, chociaż jego *Mohort prezentujący stadninę księciu Józefowi* był wspaniałą wielką kompozycją nieba i ziemi z bodiakami, koni i konnych dam i konnych panów. Artysta zbiera się do powrotu. „Ja tu zabawię jeszcze do połowy października – informuje w liście z 5 września 1869 roku [...]

Czy wielka ekspozycja monachijska wniosła coś nowego, ożywczego do formy i treści malarskich u miejscowych tak licznych mistrzów pędzla – w czym kilkudziesięciu Polaków. Niech na to odpowie inteligentny malarz i analityk sztuki stanowczo za mało znany, przypominany, w gruncie rzeczy krzywdzony przez los tępy a złośliwy – Henryk Piątkowski. Czytamy: „Otwarta w czerwcu – myli się Piątkowski, bo w lipcu – 1869 roku w Kryształowym Pałacu Wystawa Powszechna Sztuk Pięknych, będąc pierwszą próbką niemieckiej inicjatywy w zgromadzeniu utworów międzynarodowego malarstwa, miała tę dobrą stronę, że dała artystom monachijskim możność przyjrzenia się z bliska dziełom mistrzów francuskich najświeższej doby i zapoznania się z nimi.

Wrażenie musiało być niemałe, gdyż od razu ślady pewnych zwrotów uczuć się dały w produkcji licznej kolonii monachijskiej. Idee np. Courbeta z wielką szybkością owładły umysłami, wytwarzając następnie kierunek, rozwinięty najbardziej w nowo otwartej naówczas szkole profesora Dieza przez młodych jego uczni, a który, skrystalizowany w skończonej estetycznie formie i wzbogacony silnym artystycznym temperamentem, najjaśniej widnieje w obrazach Wilhelma Leibla.

W sfery malarskie stolicy Bawarii weszło nowe życie. Ci, którzy do niedawna jeszcze byli przedstawicielami idei postępowych, jak Piloty, batalista Franz Adam, pejzażysta Schleich, ci, którzy wobec starszej generacji, pamiętającej czasy Corneliusa, Stielera, Rottmanna, symbolizowali niejako prądy, odpowiadające potrzebie chwili, po zetknięciu się z Francuzami stają się w przekonaniu młodzieży akademickimi konserwatystami. Ogół pracowników pędzla w inną stronę zwrócone ma oczy, szuka nowych bożyszcz."

Nasuwa się króciutka riposta. Kossak znał to wszystko z Paryża. Niestety pozostawał – w nowych ramach swojego własnego realizmu – wierny starym bogom.

Jego list do Olszyńskiego z 26 października 1869 roku nosi adnotację „Kraków, ulica Zwierzyniecka na Wygodzie nr 90". Wtrącam, że na dworcu w Monachium żegnało go – jak notuje Rosen – tylko 72 kolegów. „Kochany Marcinie – pisze – Jestem od tygodnia w Krakowie między moimi najdroższymi istotami. Moja najdroższa Zosia wynalazła tak doskonałe pomieszkanie i tak go ślicznie urządziła, że po monachijskich samotnościach i knajpach zdaje mi się być w raju. Zastałem wszystkich zdrowych i wesołych, ale przy tym wszystkim trzeba myśleć o dalszym!" W dopisku żony artysty: „Julo pisze, że zadowolony z mieszkania, ja dodam jeszcze, że mieszkamy nie w Krakowie, ale pod Krakowem, że mamy ogródek, domek śliczny, z którego najpiękniejsze mamy widoki i że marzę o tym, ażeby Panu przyszła myśl szczęśliwa na wiosnę wyjechać na trawę. W takim razie proszę pamiętać, że w naszym ogrodzie jest trawnik śliczny, a w pracowni Jula otomanka."

Rozdział krakowski Kossaka trwa bez mała trzydzieści lat. Jego głównym regulatorem są w tym całym okresie potrzeby niezaspakajalne rodziny. W okresach poprzednich istniały także, ale w skromnych ramach. Mrówczość pracy wzrasta w proporcjach budżetu domowego. Powiększa się ilość produk-tów, spada jakość. Gwałtownie winduje się podaż, kurczy popyt, co zmusza do obniżania cen. Sytuacja bez wyjścia – *circulus vitiosus.*

W sączącej się coraz szybciej mętnej rzeczułce lat, nieprzerwanie wzrasta ilość niewypałów, coraz gwałtowniej, coraz bardziej dynamicznie, byle dogonić suknie balowe dam i studia, względnie midinetki młodych gentelmanów – dogonić ilością obrazków, tanich jak barszcz. Wyrobnictwo w przytłaczającej stopie procentowej. Ale równocześnie do końca pewien nieznaczny odsetek dzieł arcyciekawych. A więc nie ma mowy o spadku talentu, o uwiądzie starczym. O tym nie ma mowy. Za to jest morze kiczów.

Tym niemniej w krakowskich trudnych latach ikonografia Kossaka zatacza nadal wielki krąg, obejmuje życie polskie z różnych stron. Sięgając wizją prostą, naiwną w głęboką przeszłość, nie cofa się przed współczesnością w każdej dziedzinie. Zdumiewająca jest zachłanność, chłonność, zdolność jakaś reprodukcyjna tak bardzo różnych tematów życia oglądanego w naturze, pomieszanego z tworami wyobraźni, albo samych widziadeł, zadymionych naturą. Zdolność reprodukcyjna za pomocą róż-norodnych technik malarskich i graficznych jest olbrzymia.

Warto przyjrzeć się z bliska, jak wyglądała coraz intensywniej rozwijająca się w Krakowie fabryka ilustratorsko-drzeworytniczo-obrazowa Juliusza Kossaka. Sporo informacji daje na ten temat kore-spondencja artysty z poczciwym Marcinem Olszyńskim, reprezentantem warszawskich lewentalo-wskich «Kłosów».

Drzeworyt ilustracyjny dawał skromne, ale pewne, stałe dochody. Była to dziedzina, w której Kossak czuł się jak ryba w wodzie. „Chwilowo zabieram się do rysunków na drzewie – komunikuje Olszyńskiemu 26 października 1869 roku – naturalnie dla «Kłosów». Wyrysuję Wam *Jarmark pod Ś-tym Jurem we Lwowie,* podług akwareli dużej, którą robiłem w Monachium i scenę psią". 9 listopada – „Dnie krótkie i ciemne – zabieram się do rysunków: *Wnętrze dzwonnicy, Omnibus* i *Jarmark,* 1 grudnia – wysłałem pod adresem «Kłosów» *Omnibus* i *Dzwon.* 28 stycznia – 1870 roku, sprzedaje za pośred-nictwem Olszyńskiego pamiątkę po Vernecie – „nie niżej 200 rubli... – Żal mi bardzo zmarnować to, co by dzieciom zostać mogło. Zważywszy jednak ciężkie czasy..." – Widać, że było krucho.

Kossak nie gardzi współpracą z konkurencyjnym «Tygodnikiem», gdzie zamieszczać zaczyna sceny z wojny francusko-pruskiej. W «Kłosach» – kwasy. Kossak ripostuje bez ceremonii. Mamy wreszcie obraz wzajemnych stosunków bez obsłonek. „Bo daruj kochany Marcinku – pisze Olszyńskiemu w liście z 26 sierpnia 1870 roku – ale z Twej korespondencji nie mogłem wnosić, ażebyście mnie bardzo potrzebowali. Na projekta moje własne prawie nigdy nie miewałem odpowiedzi korzystnej, przysy-łałeś fotografie jakie, z których kopie żądałeś, chowałem w kieszeń upokorzenia podobne i rysowałem, co Pan kazał, z miarami nacierałeś mi uszów, ażebym się nie wyrywał z większymi, jak między 7×10; nie ufaliście mojej sztuce, tylko szkice pierwej każecie sobie przysyłać, czy będą godne «Kłosów», czy nie.

To wszystko bolało i nie dziw się, że nie bardzo zachęcało do rysowania. «Tygodnik» zaś bezwarunkowo wszystko, co tylko zechcę przysłać, przyjmuje i jeszcze dziękuje, że do ozdoby pisma przyczyniam się, co – wyznać muszę – przyjemniej jest, jak nic nie wiedzieć (jak np. o *Odysei)* albo niesłuszne uwagi.

Daruj, kochany Marcinku, że się z żalem rozpisałem, ale *clara pacta claros faciunt amicos,* więc wręcz Ci oświadczam, że zawsze jestem gotów z moimi usługami dla «Kłosów», a że prędzej wam scen wojennych nie przysłałem, to w tym przyczyna, że drzewek nie miałem. Jeżeli więc chcesz oddać mi tę rubrykę w «Kłosach», to dobrze, jeżeli zaś nie, to mi donieś. W każdym razie cztery rysunki dostaniesz w tym tygodniu, dwa po 9×6 1/2, a dwa po 7×10, a rysunki są tego rodzaju, że rysunki w «Tygodniku» nic im przeszkadzać nie mogą. I co do ceny musimy się porozumieć, ponieważ na rublach się traci, a na złote liczy, więc bądź tak dobry i przedstaw p.Lewentalowi, że: rubla liczyć będziemy 6 złp. Jest to dla was małą różnicą, a dla mnie ważną rzeczą, bo muszę tracić na rublach nie wiedząc, na jaką pamiątkę."
W liście żony artysty z 15 października 1870 roku czytamy: „Julo tak ma oczy zmęczone przez ciągłe rysowanie, że mnie pozwolił się wyręczyć w napisaniu listu do dobrego Pana".
W 1872 roku odwiedza Kossak na jakiś czas Monachium. Maksymilian Gierymski, jego dawny uczeń, otrzymał właśnie złoty medal na wystawie międzynarodowej w Berlinie. Komunikuje Dziekońskiemu w liście z 20 listopada o przyjęciu, jakie urządził na to conto: „Mowy i toasta rozpoczął zaproszony na ucztę stary Adam, mój niegdyś i Brandta profesor, za nim Kossak, od kilku dni przybyły do Monachium, potem inni z kolei". Także z listu Maksa do ojca dowiadujemy się, że na owej uczcie „był też Kossak, który właśnie przyjechał na parę miesięcy". Na ile? Nie umiem na to odpowiedzieć. W każdym razie w maju 1873 r. jest w Krakowie, aby znowu ruszyć do Mnichowa, dokąd odwozi na studia szesnastoletniego Wojtka. Wraca w listopadzie. „Julo przedwczoraj powrócił z Monachium – komunikuje Zofia Kossakowa Olszyńskiemu – gdzie odwiózł naszego malarzyka". Po drodze zawadził o Międzynarodową Wystawę Powszechną w Wiedniu, gdzie spotkał Kostrzewskiego.
Niewątpliwie wyprawy te dobrze mu zrobiły. We wspomnieniach syna wyczuwa się atmosferę tamtego udanego dwulecia. „Po roku «malarni krakowskiej» – notuje Wojciech Kossak – zawiózł mnie mój śp. ojciec do Monachium, gdzie oddał mnie w opiekę całej plejadzie starszych malarzy, jego, bez wyjątku, przyjaciół i admiratorów. A była to kompania, jakiej dziś trudno znaleźć, należeli bowiem do niej artyści tacy, jak Maks Gierymski, Brandt, Witkiewicz, Chełmoński, Czachórski; mniej znani, mniej utalentowani: Malecki, Kurella, Streitt, Kozakiewicz. Najmilsi koledzy i towarzysze, pozbawieni zazdrości zawodowych. Ta grupa starszych nazywała się „sztabem", za nim ciągnęła cała rzesza młodych i garnęła się po pracy do ich towarzystwa: Kowalski, Piątkowski, Kostrzewski (syn), Czachórski (młodszy), Rosen, Ajdukiewicz, Łoś, Piechowski, Szwoynicki, Piotrowski, Pociecha itd.".

Nasuwa mi się tutaj idea, wybiegająca w dalsze lata Juliusza. Otóż, syn jego Wojciech, nad którego produkcją nie mam zamiaru tutaj przystawać, jednak nie był, jak się zdaje, bez znaczenia dla malarstwa ojca. Te związki, te wpływy rodzinne, ta wspólna potem pracownia – miały chyba specyficzny, rzadko spotykany charakter. Były to zapewne zgubne wpływy syna na ojca, a nie odwrotnie, jak to bywa zazwyczaj. Nie wykluczone, że powolny upadek, zejście na drugi plan Juliusza, wiąże się z fantastycznym, przytłaczającym, demoralizującym w najwyższym stopniu, rozmachem kariery syna. Były nawet próby współpracy, nieudane.
Rzut oka na twórczość Juliusza we wczesnych latach krakowsko-monachijskich pozwala wyłowić cały szereg reprezentacyjnych – lepszych lub gorszych, ale bardzo starannie opracowanych, odpowiedzialnych, wielkich kompozycji – typowych dla jego stylu, lekko stylizowanych, neobarokowym ściegiem. Niemało dekoracyjności dostrzec można w obrazach z 1870, jak *Wojewoda Matczyński wita króla Jana na Strusowym stepie* albo *Hetmańskie stado Jana Tarnowskiego.* Z tegoż roku *Targ na Kleparzu* – duża scena rodzajowa, sztuczna, twarda, zalatuje etnograficzną «myszką». Za to mamy *Aleje Ujazdowskie, Wyścigi we Lwowie* – świetnie notowane na gorąco. Rok 1872 przynosi kilka znakomitych

portretów konnych – *Branicki,* pełen ekspresji, mało naturalistyczny; *Eustachy Sanguszko w 1792* – pierwsza klasa. Nie tylko Zachód w tamtych latach, ale i Wschód ciągnął artystę. Dowodem – *Kossak i Brandt w drodze do Bałty* (1872) – nota zdjęta z natury, znakomita. Równocześnie *Jarmark w Bałcie* (1872) – wielka, płaska, sklejona z wielu fragmentów przedziwna groteska, prymityw autentyczny, o tyle ciekawy, niezwykły – że to prawdziwy Nikifor szlachecki. Co za natłok scen niepowiązanych, ale prawdziwych. Czego tam nie ma. A obok zaraz z tegoż roku kompozycja krańcowo odmienna, najdalej wysunięta forpoczta Kossaka w kierunku batalistycznej nowoczesności *Rozbitki z Armii Bourbakiego* – niedaleka od *Pochodów* Maksa Gierymskiego. Wreszcie dwie bardzo rozsławione, ale nudne machiny szlacheckie, akwarele, ale jakby tą «poważniejszą» olejną techniką wykonane: *Stado Przybysława Śreniawity* (1873) i *Stanisław Rewera Potocki przyjmuje wyoraną buławę.* Sumując, niewątpliwie, w pierwszych latach krakowskich wyczuwa się temperament i ambicje.

Malarstwo Kossaka – zmieniam temat – jest jakby jakąś historyczną wykładnią, funkcją licznych większych i mniejszych wielkopańskich, a nawet półpańskich rodzin polskich – w bitwie i na koniu, ostatecznie na polowaniu, albo w otoczeniu stada koni jest owych rodów pomnikiem, pomniczkiem. bramą tryumfalną, chlubną pamiątką. Kossak uwiecznił, utrwalił nie tylko historię narodu i jego głównych konnych herosów, jak Czarniecki, Sobieski czy książę Józef, ale w jeszcze większej mierze legendę poszczególnych rodzin.

Antoni Sygietyński takie rzuca pytanie w swojej kolosalnej łaźni, jaką sprawił Witkiewiczowi za jego książkę o Kossaku, wśród setek pytań i ciętych na wióry odpowiedzi. „Czy jest jeden bodaj obraz Kossaka, któryby w widzu najbardziej nawet wrażliwym, wywołał deszcz grozy a choćby zachwytu. Od obrazów Kossaka nawet historycznych, odchodzi się z uczuciem zadowolenia, że to, co było, jest interesujące, malownicze w nastroju, przyjemne, a nawet piękne.

Właściwe mówiąc, to obrazy historyczne, te wszystkie rapsody rycerskie Kossaka, to nie wyrazy jakichś momentów dziejowych, ale ilustracje monografii rodowych, ze szczególnym uwzględnieniem, jakichś czynów bohaterskich, a najczęściej anegdot". Na słuszne uwagi Sygietyńskiego, należy z całym spokojem odpowiedzieć, że nie ma ani jednego, że Kossak nie jest Matejką ani Grottgerem, ale jednak jest sobą.

Ten rodzaj, uprawiany, wymyślony przez Kossaka na podłożu patriotycznym, wśród pysznej szlachty podolsko-wołyńsko-ukraińskiej – był dlań przez długie lata niewyczerpanym źródłem zarobków. Kto się mógł oprzeć pokusie posiadania rodzinnego, rodowego pomnika? Zarobków tak, ale szczerze mówiąc, niewysokich – bo Juliusz Kossak nie był człowiekiem interesu. Obok pojedyńczych unika-towych monumentów, rodziły się pod jego pędzlem całe, bardziej lub mniej obszerne kroniki rodzinne. W ten romantyczno-historyczno-heraldyczny business, były zamieszane liczne osoby wyso-ko, w czepku urodzone. Cykle Kossaka potrącały mocniej lub słabiej o Potockich, Zamoyskich, Tyszkiewiczów, Morsztynów, Gniewoszów. Najwspanialszy jednak, systematycznie zaplanowany, starannie wykonany, opatrzony drukowanym przez Kossaka, obszernym informatorem, był sławny do dzisiaj tzw. cykl fredrowski.

Warto zajrzeć do publikowanej korespondencji Kossaka na ten temat, zajrzeć za kulisy finansowe tego pracowitego zamówienia, realizowanego w ciągu jedenastu lat od 1876 do 1887. Naprzód czytamy: „otrzymałem dwieście reńskich wal.austr. jako zaliczkę na wykonać się mające 12 aquareli z przesz-łości historycznej rodziny Hr. Fredrów dla hr. Jana Aleksandra Fredry". Cóż, wypada dorzucić, że zamawiający był synem wielkiego pisarza, był także komediopisarzem, ale *minorum gentium,* był malarzem, wreszcie towarzyszem broni Kossaka w kampanii 1848 roku – krótko mówiąc jego serdecznym – wypróbowanym kumplem. Warunki finansowe były to więc – jak można sądzić – normalne stawki Kossaka.

W liście krakowskim z 30 listopada 1878 pisze Juliusz „Bardzo mi ciężko z drobnymi, a palę się do roboty [...] a najlepiej będzie pozbyć się pisaniny o drobne, przysyłając mi grube". W liście z 12 grudnia

– „Serdecznie dziękuję Ci za przysłanie 600 fl. [...] były mi wielką pomocą w chwili krytycznej, których niestety przy dorastających dziatkach nie brak. Na rachunek zatem już wybrałem 800 fl. austr.". 18 września 1879 sumituje się Kossak, „że mając rozłożoną pracę artystyczną na 3 lata (przypomnij sobie umowę) nie pośpieszył, ale z namysłem szukając i wertując po starych materiałach, sumiennie i z zamiłowaniem zabrał się do dzieła". Dwie kompozycje wykończył całkowicie, dwie ma na warsztacie. "Weź klucz od wertheimówki – pisze – i wyjm z tysiączek guldenków, zakręć z irytacją klucz, wpakuj w kopertę, nie pokap się lakiem w pośpiechu i każ oddać na pocztę [...] A... kiedy usłyszysz, co już dziś mówią o tym ci, co te rzeczy widzieli u mnie, udobruchasz się i powiesz sobie: Nie żałuję. Warto było, na chwałę imienia, na przykład dla drugich i dla sztuki tej, której rodzaj na Kossaku się kończy". 26 września 1879 pisze o „rozpędzonej suszy okropnej swojej kieszeni. Przysłana zaliczka nowa w kwocie 800 fl. doda nowych sił".

26 maja 1881 – „Nie gniewaj się, że opóźniam, ale przyczyna nie w niechęci do tak sympatycznych tematów, albo przyjacielskiej osoby Twojej? W ciężkich zawsze okolicznościach powód, że drobnemi robotkami dla codziennego chleba zajmując się, do większych dobrać się nie jestem w stanie. *„Sic fata tulere".* 20 stycznia 1882 – „Kochany Olesiu! Dziękuję Ci serdecznie za przysłanie mi 1200 fl.w.a. jako należytość za dalszy ciąg obrazów pamiątkowych z Twojej rodziny: Wawrzyńca poselstwo do Stambułu. Franciszka obronę Lubaczowa i portret biskupa Aleksandra".

6 lipca 1887 – „Dotknąłeś mnie boleśnie pisząc o zaliczkę dla mnie od hrabiego Stefana! Otrzymałem zaraz przy umowie 200 fl.à conto 800 fl. – nie byłbym nigdy śmiał dopominać się o nowy datek, jeżeli prosiłem Ciebie o 150 fl., to w intencji szczerej oddania Ci samemu. Co do ceny portretów konnych, to szczerze Ci powiem, że taniej jak po 300 fl. (kiedy dla Ciebie po 400 fl.) nie jestem w stanie".

List Kossaka do Fredry z 14 sierpnia 1887 – wskrzesza niezapomnianą dlań atmosferę młodości i maluje szczegóły myśliwskich wypraw w tamtych latach – do końca niewyczerpane źródło jego najlepszego malarstwa. „Teraz – pisze – jestem w synuchudzkach górach, radbym cofnąć się o 50 lat, ażeby być bliżej tych osób – góry stryjskie, lasy i wertepy, bojków, huculskie konie, ogary, kundysy i brytany rysowałem z natury na polowaniach z ks. Adamem. Kurtki widziałem takie, jakie miał Pan Kazimierz bo w latach 45-go do 50-go bywałem w przemyskim i takich kurtek używało w ten czas towarzystwo myśliwskie, na którego czele, nie pamiętam dziś, kto stał? Więc P.P. Władzio Rozwadowski, Seweryn Drohojowski z Balic, Konarski z Tomanowic, Napcio Niezabitowski i inni w takich kurtkach, które miały być podług wzoru prawdziwego kurtek konfederackich robione, używali. A ponieważ jak widzę z ostatniego listu Twojego, żywą masz jeszcze tradycję w pamięci, nowa prośba! Jak byś ubrał Pana Ludwika na polowaniu z Panem Kaźmierzem przy rozprawie z niedźwiedziem? bo chociaż on nie był tam, ale w poemacie, który mi służy za motyw, Pan Ludwik tam się umieścił z kordelasem, i hr. Stefan chce go mieć? Szkic Twój w liście podobizny Pana Ludwika doskonały i od fotografii nie odchodzi: potym jak dojeżdżacze i kozaki Pana Kaźmierza byli ubrani? musieli mieć rodzaj myśliwskiej liberyj? mniej więcej; przepraszam najmocniej, ale radbym jak najwięcej mieć szczegółów, ażeby to, co robię, było ile możności do prawdy podobnym. Dzisiejsi znakomici artyści malują takie polowania, ale tak np. tytuł obrazu: Na upatrzonego! Więc na saniach kacapskich, jak herbatę wożą, trójka hołobli z dzwonkami zaprzężoną, woźnica stoi i pali z harapa! myśliwy leży na saniach ze strzelbą, a przy nim leżą na słomie buldook (!) i wyżeł angielski? Takiego myśliwego rozciągnąć i wsypać mu z 50 sfor w skórę.

To tak przy święcie dzisiejszym rozpisałem się pod wrażeniem fotografij, listów i poezji, które posiadam chwilowo jako materiały do obrazów i wspomnień z polowań w Żurawnie, Pieniakach, Siankach i Użoku i innych mniejszych, w których udział brałem i tam się uczyłem tego, co dziś moja artystyczna specjalność stanowi". Czyż może istnieć lepszy komentarz do malarstwa Juliusza Kossaka jak to jego krótkie, proste wspomnienie myśliwskie spod serca. Nie wykluczam, że przytyk Kossaka dotyczy Chełmońskiego, który wiedzy myśliwskiej nie posiadał.

A oto, co dostrzegł, czego domyślił się Witkiewicz w najpiękniejszym – bez wątpienia – obrazie z cyklu fredrowskiego. „Malując wjazd posła Rzeczypospolitej, Kossak chciał wyrazić i wyraził tę samą przewagę duszy nad materyalną siłą, którą tyle razy pokazał już wśród szczęku i huku bitew. Pośród tłumu baszów, lśniących jedwabiem i złotogłowiem, bogactwem futer, broni, rzędów, i wspaniałością koni, wśród ciżby janczarów, tureckiej jazdy i ścisku pospólstwa, bez żadnego orszaku, bez żadnych dekoracyi, dodającej przepychu i powagi, jedzie sam, na białym koniu, Wawrzyniec Fredro. Koń i człowiek zdają się widzeniem z bajki, wywołanem czarodziejskim zaklęciem. Piękny jak zaczarowany królewicz, wytworny, rozumny, wyższy tym swoim wyrazem wyrafinowanej kultury, swobody i poczucia godności, nad cały ten tłum sułtańskich niewolników, jedzie on na koniu, któremu równego nie ma w całym tłumie. Kossak w obrazie tym pokazał, jak daleko może sięgać wyrażanie myśli środkami malarskiemi, bez uciekania się do symbolicznych znaków i sztucznych sugestyi i umysłu widza. A jednak obraz ten jest nie tylko ilustracją danego wypadku, jest on symbolem tego, co czasem było naprawdę w dziejach, a o czym zawsze musiała marzyć każda wyniosła czująca i duchem płomiennym przejęta dusza". Co dostrzegł Witkiewicz, czego się domyślił? Przewagi duszy, widzenia z bajki, symbolu tego o czym musiała marzyć duchem płomiennym przejęta dusza – szkoda, że nie plemiennym – wiele różnych rzeczy, tylko nie dostrzegł, samego malarstwa. Do tego spróbuję jeszcze powrócić.

Wnioski natury ekonomicznej, jakie nasuwa korespondencja Kossaka z J.A.Fredrą, są niewesołe. Wygląda na to, że dla „codziennego chleba" niezbędne były „drobne robótki" (rok 1881), że większe bardziej pracochłonne obrazy nie opłacały się. *Da ist der Hund begraben.*

Skoro wszedłem w tak niemiły krąg rodzinny – interesów, zamówień, cen – to warto jeszcze zajrzeć do książki A. Ryszkiewicza «Henryk Rodakowski i jego otoczenie», gdzie ten problem w korespondencji znalazł także swoje odbicie. Z listu Kossaka z maja 1875 wynika, że wysłał m.i. do Lwowa dwa obrazy – akwarele: *Tabuńczyk* za 100 fl. i olejny *Rekonesans w Hiszpanii 1800 r.* za 200 fl. W liście z 27 marca 1881 pisze: „Twoja propozycja jest tak serdeczna, że tylko serdecznym Bóg zapłać odpowiedzieć potrafię – 370 fl. przyślesz mi zaraz". Po kilkunastu latach (16 V 1894) sytuacja nie uległa poprawie. „Jak zawsze tak i dziś wyczekuję pieniędzy i nie mogę się wybrać na parę dni, ażeby i tu w domu nie zostawić coś, a źródełka po większej części powyczerpywane chwilowo. [...] wyjazd mój do Lwowa jest koniecznym i postanowionym; mam odebrać od Pana Sta. Gniewosza 300 fl., a od hr. Romana Potockiego 250 fl. za wykonane i już oddane prace. Ale cóż z tego? [...] wczoraj dowiedziałem się, że pana Gniewosza chwilowo nie ma we Lwowie, a hr. Roman zamiast w Wiedniu, obecnie w Łańcucie. [...] Gdybyś po starej przyjaźni mógł mi pomóc chwilowo 50 fl. do oddania zaraz we Lwowie, tobyś mi zrobił wielką łaskę". Takie są ceny Juliusza Kossaka, w czasach, kiedy Schouppe swoje oleodruki tatrzańskie po parę tysięcy rubli sprzedaje, jak biada Szermentowski. Ale galeryjne, olejno malowane na płótnie, a nie wodą na papierze.

Uzupełniają ten obraz nędzy i rozpaczy informacje z korespondencji z Olszyńskim. Okazuje się, że *Somosierrę* „dużą i wspaniałą" – gotów Kossak oddać za 150 rb., *Wesele chłopskie* za 200. Za ilustracje drzeworytnicze «Kłosy» płacą mu gorzej, niż „innym młodszym". W liście Zofii Kossakowej z 9 stycznia 1878 roku czytamy: „Julo maluje dużo i doprawdy, bez zaślepienia to mówię, coraz piękniejsze robi akwarele, ale za takie niskie ceny, że mnie rozpacz ogarnia, jak na to patrzę. Zdaje mu się, że wszyscy ci początkujący lepiej od niego malują, że jego epoka już minęła etc. etc., kiedy Rodakowski Henryk, znawca jakich mało i sam taki znakomity artysta, za każdym nowym obrazem jemu powtarza, że teraz tak maluje i komponuje jak dawniej, że wciąż robi postępy. Niechaj drogi Pan nie wspomina mu nigdy o tej mojej skardze, która mimo woli się wydarła, ale przy okazji «podbije mu bębenka» i coś tak wspomni, że on się jeszcze nie przejadł, bo to jest jego teraz mania, ale tak, żeby się nie domyślił, że to ja Panu o tym pisałam". Serce się kraje.

Inicjatywa Zofii Kossakowej okazała się jednak skuteczna. Nieoceniony przyjaciel organizuje ku czci artysty wspaniałą uroczystość w dniu jego imienin w związku z niczym, bez wyraźnego powodu, z okazji przyjazdu artysty do Warszawy po dwunastoletniej niebytności – Roku Pańskiego 1880, dnia 12 kwietnia, w salach Resursy Kupieckiej, bankiet na sto kilkadziesiąt osób. Przemówienia, telegramy z polskich i europejskich stolic sztuki, wiersze... Zofia Kossakowa do Marcina Olszyńskiego 21 kwietnia 1880: „Wszystko się udało doskonale, świetnie, Julo powrócił z Warszawy wesoły, odmłodniał, rozczulony tak serdecznym przyjęciem, słowem inny człowiek, a komu to zawdzięczamy? Kochanemu Panu Marcinkowi". Podobny obchód-bankiet na cześć malarza zorganizował Kraków w 1889 roku w Sukiennicach, w lokalu Towarzystwa Przyjaciół Sztuk Pięknych. Liczne przemówienia, telegramy, list Matejki, wreszcie sławny toast Bałuckiego „bez formalnego mandatu, lecz w imieniu koni, których Kossak tysiące sportretował, tak iż mogłyby one stanowić liczny i wspaniały poczet w jubileuszowej na jego cześć uroczystości". Wszystkie te próby galwanizacji sławy dla kieszeni artysty były mało sku-teczne.

Chociaż Kossak uruchamiał różne dostępne mu źródła dochodów, chociaż starał się jak mógł przystosować swoją sztukę do potrzeb społeczeństwa, nie był w stanie zatrzymać wzrastających potrzeb gospodarstwa domowego. Jak wiadomo, Kossak równocześnie z współpracą drzeworytniczą w licznych czasopismach – jak «Tygodnik Ilustrowany», «Kłosy», «Biesiada Literacka», «Tygodnik Powszechny», «Strzecha» (lwowska), «Świat» (krakowski), «Wieniec», «Wędrowiec» i wiele innych – ilustrował szereg publikacji z dziedziny literatury polskiej i obcej. Było to jedno z owych stałych źródeł Kossaka.

Chyba żaden polski malarz nie był równie silnie związany z literaturą, jak Juliusz Kossak i równie w wielostronnie. Nawet sploty jego malarstwa z historią – tak istotne – szły poprzez literaturę, w znacznej mierze wyrastały ze sztuki słowa. Juliusz Kossak nie dawał natchnienia pisarzom, jak Matejko, on za poezją polską, za wizją literacką powieści i opowieści polskiej szedł krok w krok, przekładał na kształt, gest, barwę – język słów, myśli, wzruszeń. To jest temat na opasłe tomisko. Ale chociaż potrącę oń od strony nie tyle problemów, co pewnych, może mniej znanych faktów.

A więc jaka jest pierwsza książka ilustrowana przez Kossaka? Otóż nie żadna legenda rycerska, ale «Przygody na odpuście» Jana Nepomucena Kamińskiego, Ossolineum, Lwów, 1848. „W najdaw-niejszych już pracach rysowniczych Kossaka – zwraca uwagę Gerson – w ilustracjach robionych do powieści Tripplina, w rysunkach, jakie wykonał do wydawnictw Maurycego Wolffa, gdy bawił jakiś czas w Petersburgu – już widać było to prawdziwe życie wprost z natury brane, którego sama nauka dać nie może, bez tchnienia istotnego talentu wrodzonego, wzbogaconego wyborną obserwacją". A więc na początku była natura, ale zaraz potem historia – „Źródłopisma do dziejów unii Korony Polskiej i Wielkiego Księstwa Litewskiego (1856) i wielcy poeci romantyzmu, Słowacki i Byron (1857) i mniejsi – Brodziński, a później nieodstępny Wincenty Pol wraz z całą biblioteką powieści i romansów – od Jeża Miłkowskiego wściekle realistycznych, genialnych notat – aż do Sienkiewicza Trylogii romantycznej. W międzyczasie – świetne w szkicach próby «Pana Tadeusza» i niezliczona ilość wszelkiego gatunku, książek – wielkich i małych autorów – albumów, broszur, wyborów o gorącym donośnym patriotycznym dźwięku. Nie wątpię, że Kossak szczerze kochał kraj i o wolności marzył i czekał aż zagra jakiś złoty róg Wojskiego. Weźmy taki wzruszający drobiazg. W Muzeum Warszawskim znajdują się „Projekty ubiorów dla wojska polskiego, 6 akwarel, 1877 r." Głowiłem się co znaczy owa data. Aż mnie oświecił nieoczekiwanie Aleksander Piskor. Okazało się, że Wojciech Dzieduszycki, towarzysz broni myśliwskiej Kossaka – „jako dwudziestodziewięcioletni poseł na sejm krajowy obserwował w 1877 roku nieudolne próby organizowania polskiego ruchu zbrojnego przeciwko Rosji. Z okazji wojny rosyjsko-tureckiej Disraeli pragnął wówczas wywołać w Kongresówce ruchawkę mającą zmusić carat, zagrożony w swoim stanie posiadania nad Wisłą, do zaprzestania dalszych podbojów na Bliskim Wschodzie i Bałkanach". Artysta patriota uważał, że „należy być gotowym".

„Kossak – twierdzi nie bez racji Witkiewicz – miał tak niezmordowaną wyobraźnię, taką żywiołową potrzebę tworzenia, taką konieczność nieustannego zamieniania w czyn tego, co w jego myśli bez ustanku powstawało, że chcąc zawrzeć w książkę całość jego pracy, trzeba by było wydać całe szeregi tomów, gdyż jego prace liczą się na tysiące". W długich latach krakowskich powstała ich większa część, nienajlepszych. „Jak wiadomo" – niestety ten zwrot musi odpaść – bo nie wiadomo – szczególnie ile i co się zachowało dotąd w zbiorach prywatnych – przepastnych, a hermetycznych. Wypada jednak udzielić skąpych informacji. A więc w Towarzystwie Przyjaciół Sztuk Pięknych eksponował w Krakowie Kossak, poczynając od 1870 do 1899 roku (zmarł 3 lutego) 194 prace, w warszawskiej Zachęcie równocześnie 64 obrazy. Trzy wystawy pośmiertne artysty w 1899 roku w Krakowie, Warszawie i Lwowie zgromadziły – 272,217,133 eksponaty.

Należy przypomnieć, że w okresie krakowskim, pomimo olbrzymiej ilości fabrykatów – powstało jednak niemało dzieł oryginalnych, odpowiedzialnych – bardzo malarsko niejednolitych, jakby raz po raz inna ręka prowadziła pędzel. Z roku 1879 mamy piękną kompozycję prezentującą nie tylko Sobieskiego na polowaniu z sokołami, ale także wyjątkowo wytworny w walorze krajobraz, w którym topi się cała scena. Z tegoż roku wywodzi się wspaniała *Stadnina*, z figurą przydrożną, na tle krajobrazu, znowu niezwykłej subtelności. W latach 1880-90 (ponoć) zostały skomponowane wściekłe, ekspresji pełne, kontrastu, siły, romantyczne wizerunki Farysa znakomite, doskonałe, wizyjne jakieś polskie Don Kiszoty, a także dla odmiany realistyczne, w rytmie pierwszego widzenia ukazane: *Klucz bron*, *Flisacy*. Oto rzeczy, które z bogatego witkiewiczowskiego wyboru chwyciły mnie za gardło. Poza tym mamy jeszcze szereg obrazów chwytających oko: trzy polowania z 1882 – na wilka, na dropie, na lisa, *Stadnina na Podolu* z 1883 – piękny obraz, *Spotkanie Chmielnickiego z Tuhaj-Bejem* (1883) dekoracyjna kompozycja jak dywan, *Stadnina Romana ks. Sanguszki* – las, niebo, równowaga formy bez taniego efekciarstwa. Wreszcie jakże późny *Stanisław Lubomirski pod Chocimem* (1894), portret konny pełen życia, wspaniały w układzie, niezwykle dekoracyjny, malowany bogatym pędzlem. Z tego czasu pochodzi także niezliczone mrowie różnych wzruszających ikon, utrwalających w swojej formie, jak jakie święte obrazy znaki widome polskości – a więc np. *Śmierć Czarnieckiego, Czarniecki przebywający odnogę morską* (1875), *Książę Józef na Szumie* (1875) i wiele innych podobnych.

Pobyt krakowski tak ciężki dla Kossaka, nieuleczalnego optymisty, paterfamiliasa, miał więc jednak swoje malarskie blaski w niektórych obrazach ujawnione. Miał także swój odrębny, porywający zawsze żywioł natury chwytanej na gorąco, ostrym i miękkim, cienkim i grubym sztychem, sztrychulcem ołówka.

Miały także tamte lata swoją szczególną, za mało upowszechnioną niezwykłą tajemnicę. Zwrócił na nią uwagę nie kto inny, jak wspomniany już Mieczysław Gębarowicz – dobre oko i umysł trzeźwy, Lwowianin z krwi i kości, wart pamięci. „Ostatnia faza twórczości Kossaka nie jest tylko okresem dekadencji, jakby na podstawie znanych prac z tego czasu przypuszczać można". Twierdzi Gębarowicz wbrew temu, co się ogólnie przyjęło. Twierdzi tak na podstawie „materiałów" malarskich, jakie odsłoniła wspomniana wystawa lwowska artysty, zorganizowana w grudniu 1924 roku.

„Zebrane w większej ilości szkice akwarelowe z tych czasów nie tylko – zdaniem Gębarowicza – mniemaniu temu kłam zadają, ale odsłaniają nową stronę tej bujnej natury. Szkice te przeważnie w posiadaniu rodziny się znajdujące, stanowiły część puścizny artystycznej, która w ostatnich latach życia i po śmierci artysty pomiędzy najbliższych rozdzielona – pokazana została na wystawie w tej ilości bodaj że po raz pierwszy. A zasługują te drobne notatki artystyczne na uwagę, gdyż posiadają ten sam charakter, co i szkice młodzieńcze, szczerych i poufnych zwierzeń, przeznaczonych przez autora do własnego tylko użytku. A więc eksperymenty lub obserwacje momentalnie na papier przenoszone, wreszcie drobne obrazki, dla najbliższych przez kochającego ojca i dziadka malowane, jednym słowem pierwszorzędny materiał dla poznania psychiki artysty".

I oto przechodzimy do wyjątkowo interesujących spostrzeżeń Gębarowicza. „To co w nich – jego zdaniem – uderza na pierwszy rzut oka, to niezwykle szeroka technika, zarzucająca analityczną drobiazgowość i operująca plamą tak śmiało rzucaną, że gdyby nie zupełna wiarygodność prowenjencji i większa ilość analogicznych, po części sygnowanych szkiców, można by powątpiewać o ich autentyczności. Podobnie i w kolorycie, zarzucającym zimną oschłość, przebija pewna ewolucja, która mimo iż potrąca nieraz o świetność zespołów barwnych okresu rozkwitu, posiada, ogólnie biorąc, charakter odmienny.

„Gdzie szukać przyczyny tej nagłej zmiany?" – pyta Gębarowicz, dając odpowiedź zgoła niebanalną: „Bliższa obserwacja poucza, że nowej podniety dostarczyć mógł tylko impresjonizm, który w dziewiątym i dziesiątym dziesięcioleciu ubiegłego wieku począł dopominać się coraz gwałtowniej o prawo głosu i życia, nie uznając i nie respektując największych w sztuce autorytetów. I rzecz znamienna, że gdy czynniki oficjalne, wychowane w dawnych tradycjach broniły się zażarcie lub atakowały nowy kierunek, sędziwy Kossak, mający za sobą niezwykle pracowicie spędzony żywot i subiektywne prawo do zakrzepnięcia w rutynie i swojej manierze z zaciekawieniem nadstawia ucho w stronę skąd dochodził – jak to pięknie powiedziane – szum nowego życia.

I oto w ciszy pracowni powstają szkice i małe obrazki, w których stary weteran sprawdza hasła nowej sztuki, stara się je pogłębić i przeniknąć.

A obok tego – nie ukrywa autor znakomitego eseju – obrazy inne, przeznaczone na zbycie, mówią utartym i dobrze znanym językiem form: zdjęty po śmierci artysty ze sztalugi rozpoczęty obraz z ilustracjami do «Potopu» wykazuje znaną nam dobrze technikę, szkielet rysunkowy, obciągnięty grubym konturem. Okazuje się, że dwoistość mowy artystycznej, obserwowana w pracach młodzieńczych Kossaka, powtórzyła się raz jeszcze u jego schyłku. Próbując sił swoich w nowym kierunku, czyni to potajemnie: dla świata zewnętrznego musi być takim, jakim go chcą mieć jego zwolennicy".

Wszystko to bardzo interesujące, ale niewesołe. Bo jak widać Juliusz Kossak, to tragiczna figura. A jednak, czy ktokolwiek z piszących o nim, czy ktokolwiek z niezliczonych miłośników jego radosnej, wdzięcznej rodzajowej batalistyki zdał sobie sprawę z prawdziwej tragedii tego artysty – wielkiego patrioty, niewątpliwie – ale przede wszystkim z dramatu wielkiego ofiarnika, nie na ołtarzu ojczyzny, a na ołtarzu okrutnych bóstw domowych, lares et penates. Ten ogromny talent każdą lepszą kreskę miał kradzioną. Pod koniec najlepsze było to, co robił dla dzieci, bo tam jeszcze mógł być sobą, nie na sprzedaż dla różnych Himmelblauów. Opowiadał mi przed laty mój stary przyjaciel Kazimierz Bauda, czarujący wiedeńczyk, jak to stary Juliusz biegał po Krakowie, jak wąsaty szczurek i wtykał komu się dało obrazki po 50 koron od łebka. W sztuce lepiej się opłaca niekiedy zwykły burdel dla zdrowia niż kochająca rodzinka na klęskę.

I co tutaj różnych luźnych, nieskoordynowanych idei przychodzi do głowy wolnomyślącej na marginesie Kossaka. Choćby taka. Znowu nie wiem, czy ktokolwiek z piszących o nim zwrócił na to uwagę. O co chodzi? Chodzi o formę malarską niektórych jego obrazów. Właśnie o formę ową staroświecką, wstydliwie omijaną, z którą nie wiadomo na dobrą sprawę, co robić, czy ją rozgrzeszać i po co. Problemat dotyczy jego pewnych kompozycji romantycznych, neobarokowych, w które włożył najwięcej ambicji i mrówczej pracy – a w żadnym razie nie dotyczy potwornej produkcji masowej, kolorkowych fabrykatów, jak garnki odrutowanych konturem. Moje spostrzeżenie charakteryzuje całego Kossaka, nie krępuje się jego czasem, chronologią. O co chodzi?

Weźmy konkretnie, dla przykładu: *Żółte Wody* (1854) i *Wjazd Fredry do Stambułu* (1883). Obie kompozycje kryją w sobie jakąś podobną zaczepkę formy. Stąd kłopot, trudność oceny, trudność klasyfikacji. To nie są kicze, to są piękne obrazy, niewątpliwie malarskie. Trzeba im się przyjrzeć malarskim okiem. A więc przede wszystkim odrzucić, zapomnieć, zamazać, unicestwić ich przedmiotowość – oślepnąć na wszystko co przedstawiają, a wydobyć, wywołać ich jakość czysto formalną. Co się wtedy okaże? Rzecz ciekawa. Ukaże się tajemniczy, zagadkowy ruch drobnych cząsteczek, drobnych fal, jakby zmarszczek na wodzie słabym wiatrem poruszanej – ruch drobnych dotknięć pędzla, bardzo drobnych, wprost mikroskopijnych plam, plamek, kontrastujących ze sobą prawie niedostrzegalnie. Wyskoczy gra niekończących się zmian natężenia – ciemnych – jasnych, ciepłych – zimnych. Farba płaszczyzny i płaszczyzna farby – drga, wibruje. Nie jest to impresjonistyczna wibracja koloru, ale wibracja waloru. Bardzo delikatna wibracja natężeń.

I jak tutaj wymyślać, albo wychwalać absolut samouctwa, «nikiforyzm», kiedy mamy przed sobą przykłady wysokiej kultury malarskiej, indywidualnej, odrębnej, samorodnej. Takich kompozycji jest sporo. Bardziej lub mniej pełnych i reprezentacyjnych. A więc – Kossak plemienny, rdzenny, rasowo polski – czasem mistrz wibracji «walorystycznej». Przekręcam kontakt. Z oparów mgieł, z nieczystej siły zaczynają wyłaniać się przedmioty, konie, ludzie, psy, drzewa, krajobrazy – olbrzymia sceneria fikcji malarskiej, poruszająca się, drgająca, żywa – dla zwykłych zjadaczy chleba, bez zakalca. Trzeba się trochę pomądrzyć, myśląc o Kossaku nie można stracić z oczu innych światów.

Wydaje się, że sztuka w ogóle jest w tym samym stopniu funkcją życia społecznego, co wyrazem jego potrzeb. Malarstwo Kossaka jest niewątpliwie wyrazem obecnych potrzeb naszego społeczeństwa. Różni się w samej swojej istocie – o tyle od twórczości artystycznej innych społeczeństw, o ile ich potrzeby są odmienne od naszych. Można by dojść do wniosku, że skoro malarstwo Kossaka jest nam ciągle jeszcze potrzebne po stuleciu z dobrym hakiem, licząc od początku jego działalności – to potrzeby polskiego społeczeństwa w swojej masie pozostały niezmienne przez tak długi okres czasu. O czym mogłoby to świadczyć, albo jak można by to wyjaśnić. Widzę dwie możliwości. Albo nie zmieniło się społeczeństwo wewnętrznie, duchowo, czy jak tam. Albo nie uległy istotnej zmianie warunki, okoliczności, które wytwarzały potrzeby. Interesująca – niezmiernie – jak mawia czasem pewien znakomity historyk sztuki – jest paradoksalna sytuacja poruszonego zjawiska, problemu, w którym Kossak już nie odgrywa żadnej roli, że równocześnie niepowstrzymanie postępuje proces rozkładu, gnicia sztuki europejskiej. A raczej proces jej rozwoju burzliwego, sięgającego w głąb podwalin filozoficznych całej tak zwanej humanistyki, dziedziny myśli, szukającej teraz matematycznych formuł dla tego, co pod nazwą sztuki było dotąd wybiegiem instynktu z jednej strony, a z drugiej idącym mu na spotkanie niezaspakajalnym głodem piękna. Rozpacz ogarnia, ale żadne sztucznie budowane zapory, tamy intelektualne nie będą w stanie zatrzymać pasji wynalazczej, odkrywczej poszukującej kultury absolutnej, kultury eliminującej wszelką przypadkowość. W dziedzinie sztuki jesteśmy na progu anarchii, chaosu, a więc także zbliżamy się do kontry – do jakiejś nadorganizacji absolutnej, do nowych form nowej sztuki, nowej kultury powszechnej – termitów i mrówek, w bezdrzewnym lesie z żelazobetonu. Ale co to ma do Kossaka? Rzecz jasna, oczywista, że na to, aby mógł nastąpić taki renesans absolutu, musi nastąpić unicestwienie, zniszczenie doszczętne wszelkich «Kossaków». To bardzo mało – musi nastąpić powstanie nowych komórek, nowych supermózgów. Musi zrodzić się odmienny biologicznie gatunek *homo sapiens*, który nie będzie miał ani warunków, ani potrzeb dla czegoś podobnego do Juliusza Kossaka.

Zaskakująco przeciwne optymistyczne horoskopy idei wydobył Aleksander Jackiewicz z Tomasza Manna, który tak oto wróży z kart «Doktora Faustusa». „Cały stosunek sztuki do życia zmieni się, wierzcie mi, będzie się przemieniać, a mianowicie stanie się skromniejszy i weselszy – nieunikniona to rzecz i całe to szczęście. Odpadnie z niej wiele melancholijnej ambicji i ponowna niewinność, a nawet niefrasobliwość stanie się jej udziałem. Przyszłość ujrzy ją i ona sama widzieć siebie będzie w roli służebnej wobec społeczności, która wchłonie znacznie więcej niż tylko wykształcenie i nie posiądzie kultury, być może jednak sama będzie kulturą. Jedynie z trudem możemy to teraz sobie wyobrazić, a przecież urzeczywistni się to i będzie czymś naturalnym: sztuka bez cierpienia, psychicznie zdrowa, nieuroczysta, radośnie ufna, sztuka z całą ludzkością za pan brat...".

Właśnie podobna do malarstwa Juliusza Kossaka, który takim oto ukłonem wdzięcznym kończy autobiografię, suchą relacją o swojej młodości «górnej i durnej». „Co umię, sam sobie znalazłem od 18-go roku życia, pracując wszelkimi sposobami na postęp i zrównanie się przynajmniej z drugiemi ludźmi talentu, a że w akademii nie zacząłem, nie straciłem tego, co kraj w którym się żyje i którego wrażenia najpierwsze się odbiera, daje – stąd rodzaj mój od wszystkich zrozumiany i lubiany". Niewątpliwie, tak jest.

Pisząc o Kossaku usiłowałem, starałem się w znacznym zgęszczeniu omówić jego twórczość i życie na nowo, jakoś inaczej nie jako fakt dokonany, ale jako sprawę, problem – żywy, dziejący się, nie dokończony, nadający się do kłótni, nasuwający wątpliwości, godny potępienia albo podniesienia. Sam ulegałem i ulegam nadal uczuciom bardzo zmiennym, sprzecznym, patrząc na takie, ale i na owakie płody jego pędzla. W rezultacie wahań opinii własnej dochodzę do wniosku o wielostronności, chaotycznej, nieskoordynowanej robocie – a równocześnie do przekonania o jej głębszym, żywym nurcie, do końca niewysychającym, pomimo pozorów ostatecznej klęski, bo on stał w punkcie, z którego możliwy był dalszy rozwój. Bo z niego właśnie – dziedzica Norblina, Orłowskiego, Michałowskiego – czerpała soki nie tylko żywa natura i ekspresja, ale także czysty pejzaż malarstwa polskiego.

Maciej Masłowski
Podkowa Leśna, 1974

KATALOG

1. *Juliusz Dzieduszycki na Azecie,* 1840—50 · Akw., 25 × 36 · Tarnów, Muzeum Okręgowe, nr inw. MT-A-M 278

2. *Siwa klacz* · Akw., 29 × 38,7 · Sygn.: Juliusz Kossak 1844 · Napis: Jument du desert Szaytanka du Nedjed amenée d'Egypt par le colonel Kruszewski (Hassan Aga) pour C-te Ladislas Rozwadowski au haras de Reytarowice cercle de Przemyśl · Tarnów, Muzeum Okręgowe, nr inw. MT-A-M 276

3. *Ogier arabski,* 1840—50 · Akw., 29,5 × 40 · Sygn.: Juliusz · Napis: Etalon Arabe, Obejan, acheté en Egypt par le colonel Kruszewski pour le C-te Ladislas Rozwadowski au haras de Reytarowice, cercle de Przemyśl · Tarnów, Muzeum Okręgowe, nr. inw. MT-A-M 283

4. *Portret konia,* 1840—50 · Akw., 41 × 60 · Sygn.: Juliusz Kossak · Warszawa, Muzeum Narodowe, nr inw. Rys. Pol. 158652

5. *Portret konny J. Tarnowskiego* · Akw., 46,5 × 37,5 · Sygn.: Juliusz Kossak r. 1859 w Paryżu · Państwowe Zbiory Sztuki na Wawelu, nr inw 3973

6. *Maurycy Potocki na polowaniu,* ok. 1845 · Akw., gwasz, 29,3 × 37 · Warszawa, Muzeum Narodowe, nr inw. Rys. Pol. 159741

7. *Siwy ogier* · Akw., 29,5 × 39. Sygn.: Juliusz Kossak 1844 · Napis: Etalon du Nedjed agé de 2 ans, donné par Ibrahim au colonel Kruszewski — proprieté de C-e Rozwadowski haras de Reytarowice · Tarnów, Muzeum Okręgowe, nr inw. MT-A-M 277

8. *Portret Juliusza Dzieduszyckiego na Bagdadzie,* 1840—50 · Akw., 27 × 22 · Tarnów, Muzeum Okręgowe, nr inw. MT-A-M 248

9. *Polowanie par force z udziałem chapmanna* · Akw., gwasz, 32,6 × 48 · Sygn.: Juliusz Kossak 1845 · Warszawa, Muzeum Narodowe, nr inw. Rys. Pol. 159742

10. *Portret konny Władysława Rawicza* · Akw., 49 × 65,5 · Sygn.: J. Kossak 1868 · Warszawa, Muzeum Narodowe, nr inw. Rys. Pol. 73877

11. *Portret konny Łubieńskich,* ok. 1856 · Akw., 49 × 51,5 · Warszawa, Muzeum Narodowe, nr inw. Rys. Pol. 3759

12. *Kafarek* · Akw., 38 × 31,5 · Sygn.: Juliusz Kossak 1855 w Bruxelli · Poznań, Muzeum Narodowe, nr inw. dep. 161

13. *Mohort prezentujący stadninę* · Olej/pł., 55 × 80,5 · Sygn.: J. Kossak w Paryżu 1858 · Warszawa, Muzeum Narodowe, nr inw. 183757

14. Fragment tabl. 13

15. Fragment tabl. 6

16. *Portret synków generała Zamoyskiego,* ok. 1860 · Akw., 42,5 × 47,5 · Zamość, Muzeum Ziemi Zamojskiej

17. *Władysław i Witold Zamoyscy na koniu ojca generała Władysława Zamoyskiego* · Akw., 48 × 39,3 · Sygn.: Juliusz Kossak 1859 · Kórnik, Biblioteka PAN, nr inw. MK 3346

18. *Chłopczyk na koniu* · Akw., 45,5 × 37,3 · Sygn.: Juliusz Kossak 1866 · Łódź, Muzeum Sztuki, nr inw. MS/SP/Rys/88

19. *Masztalerz z parą koni,* 1850—60 · Akw., 36,5 × 44,8 · Warszawa, Muzeum Narodowe, nr inw. Rys. Pol. 10028

20. *W stajni* · Akw., 45,5 × 39 · Sygn.: Juliusz Kossak 1866 · Warszawa, Muzeum Narodowe, nr inw. Rys. Pol. 4384/4414

21. *Woźnica warszawski* · Akw., 34,5 × 53 · Sygn.: Juliusz Kossak 1863 · Kraków, Muzeum Narodowe, nr. inw. 75414

22. *Jarmark* · Akw., 43 × 68 · Sygn.: Juliusz Kossak — Monachium 1863 · Łódź, Muzeum Sztuki

23. *Jarmark pod Warszawą* · Akw., 63,5 × 192,4 · Sygn.: Juliusz Kossak Warszawa 1866 · Wrocław, Muzeum Narodowe, nr inw. VIII-79

24. Fragment tabl. 23

25. Fragment tabl. 19

26. *Portret konny Aleksandra Tykla* · Akw., 54,9 × 44,5 · Sygn.: Juliusz Kossak 1864 · Warszawa, Muzeum Narodowe, nr inw. Rys. Pol. 3899

27. *Jeździec w rogatywce* · Olej /pł., 69,5 × 53 · Sygn.: Juliusz Kossak 1863 · Warszawa, Muzeum Narodowe, nr inw. 184780

28. *Portret jeźdźca* · Olej/pł., 51 × 41 · Sygn.: Juliusz Kossak w Monachium 1869 · Poznań, Muzeum Narodowe, Mp 468

29. *Jeździec,* ok. 1864 · Olej/pł., 77,5 × 62 · Gdańsk, Muzeum Narodowe, nr inw. DM/168

30. *Portret mężczyzny na koniu* · Akw., 53 × 43,5 · Sygn.: Juliusz Kossak 1877 · Kraków, Biblioteka PAN

31. *Portret chłopca na koniu* · Akw., 29 × 38,5 · Sygn.: Juliusz Kossak 1874 · Kraków, Muzeum Narodowe, nr inw. III-r. a. 6951

32. *Wyjazd na polowanie* · Akw., 62 × 126 · Sygn.: Juliusz Kossak 1876 · Poznań, Muzeum Narodowe, nr inw. Gr 47

33. *Polowanie na lisa* · Akw., 22 × 27,7 · Sygn.: Juliusz Kossak 1857 · Warszawa, Muzeum Narodowe, Rys. Pol. 1158

34. *Polowanie par force z ogarami* · Akw., 38,8 × 45,8 · Sygn.: Juliusz Kossak 1868 · Łódź, Muzeum Sztuki, nr inw. MS-/SP/Rys/6

35. *Polowanie w Poturzycy* · Akw., 59 × 86,5 · Sygn.: Juliusz Kossak malował w Paryżu 1866 · Wrocław, Muzeum Narodowe, nr inw. VIII-69

36. *Pochód przez step* · Akw., 23 × 41,5 · Państwowe Zbiory Sztuki na Wawelu, nr inw. 1173

37. *Farys* · Akw., 39 × 50 · Sygn.: J. Kossak 1877 · Warszawa, Muzeum Narodowe, nr inw. Rys. Pol. 1776

38. *Powrót z zabawy* · Akw., gwasz, 25 × 51 · Sygn.: Juliusz Kossak 1877 · Warszawa, Muzeum Narodowe, nr inw. Rys. Pol. 159288

39. *Czarniecki pod Koldyngą* · Akw., 54 × 42 · Sygn.: J. K. · Słupsk, Muzeum Pomorza Środkowego, nr inw. MPS M/16

40. *Krzysztof Gniewosz ginący w obronie chorągwi pod Chocimem* · Akw., 57 × 85 · Sygn.: Juliusz Kossak 1892 · Warszawa, Muzeum Wojska Polskiego, nr inw. 13734 Ax

41. *Hetman Chodkiewicz pod Kircholmem,* przed 1886 · Ołówek, gwasz, 23 × 32 · Toruń, Muzeum Okręgowe, nr inw. M/785

42. *Pan Pasek pod Lachowicami* · Akw., ok. 38 × 51 · Sygn.: Juliusz Kossak 1898 · Bytom, Muzeum Górnośląskie, nr inw. Sz 385

43. *Tyszkiewicz przyprowadza królowi Stefanowi chorągiew pancerną podczas oblężenia Kijowa* · Akw., 33,5 × 71 · Sygn.: Juliusz Kossak 1882 · Bytom, Muzeum Górnośląskie, nr inw. Sz 3635

44. *Bitwa pod Parkanami* · Akw., 44,5 × 55,5 · Sygn.: J. Kossak 1883 · Wrocław, Muzeum Narodowe, nr inw. VIII-72

45. *Sobieski pod Wiedniem* · Akw., 56 × 94,5 · Sygn.: Juliusz Kossak · Warszawa, Muzeum Narodowe, nr inw. 44435

46, 47. *Wjazd Sobieskiego do Wiednia* · Akw., 48 × 70,5 · Sygn.: Juliusz Kossak 1883 · Wrocław, Muzeum Narodowe, nr inw. VIII-71

48. *Polowanie króla Jana III na czaple* · Olej, gwasz/deska, 33 × 45 · Sygn.: Juliusz Kossak · Kraków, Muzeum Narodowe, nr inw. N. I. 136073

49. *Portret Tadeusza Kościuszki* · Akw., 78 × 63 · Sygn.: Juliusz Kossak 1879 · Łańcut, Muzeum, nr inw. S. 944 MŁ

50. *Portret księcia Józefa na koniu* · Akw., 78 × 63 · Sygn.: Juliusz Kossak 1879 · Łańcut, Muzeum, nr inw. S. 945 MŁ

51. *Władysław Hieronim Sanguszko w mundurze porucznika ułanów* [1831] · Akw., 71 × 61 · Sygn.: J. Kossak 1872 · Tarnów, Muzeum Okręgowe, nr inw. I. 744

52. *Eustachy Erazm Sanguszko w mundurze kawalerii narodowej* [1794] · Akw., 70 × 59 · Sygn.: Juliusz Kossak 1871 · Tarnów, Muzeum Okręgowe, nr inw. I. 743

53. *Luzak huzarski* · Akw., 37,5 × 50 · Sygn.: Juliusz Kossak 1880 · Kraków, Biblioteka PAN

54. *Mickiewicz i Sadyk Pasza* · Akw., 59 × 47 · Juliusz Kossak 1890 · Poznań, Muzeum Narodowe, nr inw. Gr 48

55, 56. *Bitwa pod Raszynem* · Akw., gwasz, ołówek, 23 × 32 · Sygn.: J. Kossak 1884 · Warszawa, Muzeum Narodowe, nr inw. Rys. Pol. 160160

57. *Bitwa pod Ignacewem*, ok. 1863 · Akw., 70 × 98 · Muzeum Historyczne Miasta Warszawa, nr inw. 314/D

58. *Dwaj gwardziści z końmi* · Akw., 18,5 × 24 · Sygn.: J. Kossak 1848 · Napis: Rok 1848 we Lwowie · Państwowe Zbiory Sztuki na Wawelu, nr inw. 1426

59. *Portret konny generała Ignacego Kruszewskiego* · Akw., 72 × 63 · Sygn.: J. Kossak 1871 · Państwowe Zbiory Sztuki na Wawelu nr inw. 1175

60, 61. *Bitwa pod Ostrołęką* · Akw., 32 × 45 · Toruń, Muzeum Okręgowe, nr inw. M/333

62. *Luzak ułański* · Akw. · Sygn.: J. Kossak 1880 · Kraków, Biblioteka PAN

63. *Krakowiak na koniu z luzakiem* · Akw., gwasz, 34 × 29 · Sygn.: J. Kossak · Warszawa, Muzeum Narodowe, nr inw. Rys. Pol. 1219

64. *Polowanie stepowe na wilka* · Gwasz, akw., 53,5 × 98,2 · Sygn.: Juliusz Kossak 1883 · Bydgoszcz, Muzeum im. Leona Wyczółkowskiego, nr inw. S. 542

65. *Stadnina na łące* · Akw., 31,7 × 45,5 · Sygn.: Juliusz Kossak 1891 · Kraków, Muzeum Narodowe, nr inw. III.-r. a. 488

66. *Pejzaż* · Akw., 17 × 20 · Sygn.: Juliusz Kossak · Warszawa, Muzeum Narodowe, nr inw. Rys. Pol. 4416

67. *Amazonka* · Olej/pł., 74 × 63 · Sygn.: Juliusz Kossak 1898 · Warszawa, Muzeum Narodowe, nr inw. 1578600

68. *Stadnina na Podolu* · Akw. · Sygn.: Juliusz Kossak 1886 · Kraków, Muzeum Narodowe, nr inw. 4863

69. *Studium konia z jeźdźcem* · Olej/tektura, 34 × 27 · Sygn.: J. Kossak 1878 · Lublin, Muzeum Okręgowe, nr inw. SM/131/ML

70. *Studium konia z amazonką* · Olej/tektura, 34 × 27 · Sygn.: J. Kossak 1878 · Lublin, Muzeum Okręgowe, nr inw. SM/132/ML

71. *Lisowczyk na białym koniu* · Olej/pł., 55 × 45,5 · Sygn.: J. K. · Warszawa, Muzeum Narodowe, nr inw. 156158

72. *Stado hetmańskie,* ok. 1870 · Sepia, 24,5 × 42,5 · Sygn.: Juliusz Kossak · Warszawa, Muzeum Narodowe, nr inw. Rys. Pol. 4259

73. *Wojewoda Matczyński wita króla Jana Sobieskiego na Strusowym Stepie* · Sepia, 26,3 × 43 · Sygn.: Juliusz Kossak · Warszawa, Muzeum Narodowe, nr inw. Rys. Pol. 4260

74. *Król Jan na polowaniu z sokołami* · Akw. · Sygn.: Juliusz Kossak 1879 · Miejsce przechowania nieznane

75. *Epizod z 1831 r.* · *Przeprawa przez most* · Tusz, 24 × 42 · Sygn.: Juliusz Kossak 1845 · Muzeum Wojska Polskiego, nr inw. 12304

76. *Walki na barykadach we Lwowie 1 listopada 1848 roku* · Ołówek, 15,4 × 22 · Warszawa, Muzeum Narodowe, nr inw. Rys. Pol. 2969

77. *Studium chat wiejskich* · Ołówek, 13,9 × 18,8 · Kraków, Muzeum Narodowe, nr inw. III.-r. a. 968

78. *Pasterz grający na fujarce* · Ołówek, 14,8 × 18,3 · Sygn.: J. K. · Kraków, Muzeum Narodowe, nr inw. III.-r. a. 1559

79. *Konstanty Branicki i Cohen* · Ołówek, 22 × 20 · Sygn.: J. K. 1854 · Warszawa, Muzeum Narodowe, nr inw. 3664

80. *Szkice uliczne* · Ołówek, 16 × 12 · Sygn.: J. K. · Warszawa, Muzeum Narodowe, nr inw. 3757

81. *Czterej przyjaciele* · Pióro, atrament, 19,5 × 25 · Sygn.: J. K. 1852 w dzień Bożego Narod. · Warszawa, Muzeum Narodowe, nr inw. 1563

82. *Władysław Dzieduszycki* · Ołówek, 28 × 21 · Warszawa, Muzeum Narodowe, nr inw. 3885

83. *Autoportret* · Ołówek, 9 × 17 · Sygn.: Juliusz Kossak 1852 · Warszawa, Muzeum Narodowe, nr inw. 13587

84, 85. *Ukraina* i *Wołyń.* Ilustracje do: W. Pol *Pieśń o ziemi naszej* (Poznań 1865), gwasz, akw. tusz, 23 × 25 · Sygn.: Juliusz Kossak 1860 i Juliusz Kossak w Paryżu · Warszawa, Muzeum Narodowe, nr inw. 7415, 7414

86—92. Ilustracje do: T. T. Jeż *Pamiętniki starającego się* (Warszawa, 1866). Wcześniej publikowane w »Tygodniku Ilustrowanym« 1965, II.

93—95. Ilustracje do W. Pol *Rok myśliwca* (Poznań 1870) Drzeworyty E. Gorazdowskiego i J. Pokornego wg rysunków J. Kossaka z 1866 r.

96. *Omnibus warszawski* · Atrament, pióro, 24 × 26 · Warszawa, Muzeum Narodowe, nr inw. Rys. Pol. 159606

97. *Omnibus warszawski* · Drzeworyt J. Holewińskiego wg rysunku J. Kossaka

98. *W drodze do Bałty* · Ołówek, 26,2 × 42,3 · Kraków, Muzeum Narodowe, nr inw. III.-r. a. 6947

99. *Kupiec żydowski ujeżdżający konie na jarmarku* · Pióro, 27,5 × 20 · Muzeum Historyczne Miasta Krakowa, nr inw. 84/VII

100. *Konnica* · Tusz, 11,2 × 17,6 · Kraków, Muzeum Narodowe, nr inw. III.-r. a. 950

101. *Stadnina* · Rysunek przygotowawczy do większej kompozycji · Ołówek · Kraków, Muzeum Narodowe, nr inw. III-r. a. 6946

102. *Kościuszko* · Ołówek · Miejsce przechowania nieznane

103. *Jeńcy szwedzcy* · Sepia, 33,5 × 48,8 · Warszawa, Muzeum Wojska Polskiego, nr inw. 53754

104. *Bronowanie* · Szkic z natury · Ołówek · Miejsce przechowania nieznane.

105. *W stajni* · Ołówek · Miejsce przechowania nieznane

106. *Wystawa koni* · Ołówek · Miejsce przechowania nieznane

107. *Czarownica* · Karykatura hr Łubieńskiej · Ołówek, 18,5 × 23 · Kraków, Muzeum Narodowe, nr inw. III.-r. a. 960

108. *Studia Żydów* · Pióro, 13,8 × 10,9 · Kraków, Muzeum Narodowe, nr inw. III-r.a. 1558

109. Karykatura · Napis: Herr Bassamazanowsky áus Nowosinki · Pióro, 15 × 8 · Kraków, Muzeum Narodowe, nr inw. III-r.a. 3953

110. Karykatura · Napis: Prerauer Werb-Bezirg · Pióro, 14,4 × 10,1 · Jw., nr inw. III-r. a. 3955

111. Karykatura · Napis: K. K. 29 Infanterie Linien Graf Shönhals · Pióro, 15,2 × 9,5 · Jw., nr inw. III-r. a. 3954

112. Karykatura (oficer austriacki idący pod rękę z kobietą) · Pióro, 16,7 × 10,5 · Jw., nr inw. III-r. a, 3952

113. *Włodzimierz Wolski* · Karykatura · Ołówek, 16 × 22 · Sygn.(?): Kossak pinx · Warszawa, Muzeum Narodowe, nr inw. 7420

114. *Ekonom* · Karykatura, Pióro, 9 × 12 · Sygn.: J. Kossak · Warszawa, Muzeum Narodowe, nr inw. Rys. Pol. 4221

115. *Franciszek Kostrzewski* · Karykatura · Pióro · Miejsce przechowania nieznane.

116. *Autokarykatura Juliusza Kossaka* · Pióro · Miejsce przechowania nieznane

117. *Na rydwanie* · Szkic do *Odysei* · Ołówek · Miejsce przechowania nieznane

ILUSTRACJE

Diapozytywy i zdjęcia wykonali:

Jan Fleischmann do ilustr.: 1—9—11, 13—15, 18, 19, 22,
25—27, 29, 33, 34, 37, 38, 40—43, 45, 51, 52, 55, 56, 60, 61,
63, 66, 67, 71—73, 75, 76, 79—85, 96, 103, 113, 114.
Zbigniew Malinowski do ilustr.: 77, 78, 98, 100, 101, 107—112.
Teresa i Jerzy Myszkowscy do ilustr.: 16, 20, 21, 23, 24, 35,
39, 44, 46, 47, 49, 50, 57, 64, 68—70.
Jerzy Nowakowski do ilustr.: 12, 17, 28, 32, 54.
Janusz Podlecki do ilustr.: 30, 31, 48, 53, 62, 65, 99.
Łukasz Schuster do ilustr.: 5, 36, 58, 59.

1. Juliusz Dzieduszycki na Azecie, 1840—50 · Akwarela

2. Siwa klacz, 1844 · Akwarela

3. Ogier arábski, 1840—50 · Akwarela

4. Portret konia, 1840—50 · Akwarela

5. Portret konny J. Tarnowskiego, 1858 · Akwarela

6, 15. Maurycy Potocki na polowaniu, ok. 1845 · Akwarela, gwasz

7. Siwy ogier, 1844 · Akwarela

8. Portret Juliusza Dzieduszyckiego na Bagdadzie, 1840—50 · Akwarela

9. Polowanie par
force z udziałem
chapmanna, 1845
· Akwarela, gwasz

10. Portret konny Władysława Rawicza, 1868 · Akwarela

11. Portret konny Łubieńskich, ok. 1856 · Akwarela

12. Kafarek, 1855 · Akwarela

13, 14. Mohort prezentujący stadninę, 1858 · Olej

16. Portret synków generała Zamoyskiego, ok. 1860 Akwarela

17. Władysław i Witold Zamoyscy na koniu ojca generała Władysława Zamoyskiego, 1859 · Akwarela

18. Chłopczyk na koniu, 1866 · Akwarela

19, 25. Masztalerz z parą
koni, 1850—60 · Akwarela

20. W stajni, 1866
Akwarela

21. Woźnica warszawski, 1863 · Akwarela

22. Jarmark, 1863 · Akwarela

23, 24. Jarmark pod Warszawą, 1866 · Akwarela

26. Portret konny Aleksandra Tykla, 1864 · Akwarela

27. Jeździec w rogatywce, 1863 · Olej

28. Portret jeźdźca, 1869 · Olej

29. Jeździec, 1864 · Olej

30. Portret mężczyzny na koniu, 1877 · Akwarela

31. Portret chłopca na koniu, 1874 · Akwarela

32. Wyjazd na polowanie, 1876 · Akwarela

33. Polowanie na lisa, 1857 · Akwarela

34. Polowanie par force z ogarami, 1868 · Akwarela

35. Polowanie w Poturzycy, 1866 · Akwarela

36. Pochód przez step · Akwarela

37. Farys, 1877 · Akwarela

38. Powrót z zabawy, 1877 · Akwarela

39. Czarniecki pod Koldyngą · Akwarela

40. Krzysztof Gniewosz ginący w obronie chorągwi pod Chocimem, 1892 · Akwarela

42. Pan Pasek pod Lachowicami, 1898 · Akwarela

41. Hetman Chodkiewicz pod Kircholmem, przed 1886 · Ołówek, gwasz

43. Tyszkiewicz przyprowadza królowi Stefanowi chorągiew pancerną podczas oblężenia Kijowa, 1882 · Akwarela

44. Bitwa pod Parkanami, 1883 · Akwarela

45. Sobieski pod Wiedniem · Akwarela

46, 47. Wjazd Sobieskiego do Wiednia, 1883 · Akwarela

48. Polowanie króla Jana III na czaple · Olej, gwasz

49. Portret Tadeusza Kościuszki, 1879 · Akwarela

50. Portret księcia Józefa na koniu, 1879 · Akwarela

51. Władysław Hieronim Sanguszko w mundurze porucznika ułanów 1831, 1872 · Akwarela

52. Łustachy Erazm Sanguszko w mundurze kawalerii narodowej (1794), 1871 · Akwarela

53. Luzak huzarski, 1880 · Akwarela

54. Mickiewicz i Sadyk Pasza, 1890 · Akwarela

55, 56. Bitwa pod Raszynem, 1884 · Akwarela

Rok 1848 we Lwowie.

58. Dwaj gwardziści z końmi, 1848 · Akwarela

57. Bitwa pod Ignacewem, ok. 1863 · Akwarela

59. Portret konny generała Kruszewskiego, 1871 · Akwarela

60, 61. Bitwa pod Ostrołęką · Akwarela

62. Luzak ułański, 1880 · Akwarela

63. Krakowiak na koniu z luzakiem · Akwarela

64. Polowanie stepowe na wilka, 1883 · Gwasz, akwarela

65. Stadnina na łące, 1891 · Akwarela

66. Pejzaż · Akwarela

67. Amazonka, 1898 · Olej

68. Stadnina na Podolu, 1886 · Akwarela

69. Studium konia z jeźdźcem, 1878 · Olej

70. Studium konia z amazonką, 1878 · Olej

71. Lisowczyk na białym koniu · Olej

72. Stado hetmańskie, ok. 1870 · Sepia

73. Wojewoda Matczyński wita króla Jana Sobieskiego na Strusowym Stepie, 1871 · Sepia
74. Król Jan na polowaniu z sokołami, 1879 · Akwarela

75. Epizod z 1831 roku, 1845 · Tusz
76. Walki na barykadach we Lwowie 1 listopada 1848 roku · Ołówek

77. Studia chat wiejskich · Ołówek
78. Pasterz grający na fujarce · Ołówek

79. Konstanty Branicki i Cohen
Ołówek
80. Szkice uliczne · Ołówek

81. Czterej przyjaciele · Pióro

82. Władysław Dzieduszycki · Ołówek
83. Autoportret, 1852 · Ołówek

84. Ukraina. Ilustracja do *Pieśni o ziemi naszej* Wincentego Pola · Gwasz, akwarela, tusz

85. Wołyń. Ilustracja do *Pieśni o ziemi naszej* Wincentego Pola · Gwasz, akwarela, tusz

Ilustracje do *Pamiętnika starającego się* Teodora Tomasza Jeża

86. »Cóż teraz będzie? . . . Chyba go ożenimy«
87. »Zasiedliśmy do preferansa«
88. »Bal salonowy«
89. »Zemdlała! . . .«

90. »No, stryjaszku! Cóż będzie teraz?«
91. »Pan hr. Kobylański i pani baronowa Dolańska«
92. »Były tam buty i trzewiki, butynki i atłasowe trzewiczki, wydeptane i nowe, dziurawe i całe, ogromne i malutkie«

93—95. Ilustracje do *Roku myśliwca* Wincentego Pola, 1866

WRZESIEŃ

96. Omnibus warszawski · Atrament
97. Omnibus warszawski · Drzeworyt
98. W drodze do Bałty · Ołówek
99. Kupiec żydowski ujeżdżający konie
na jarmarku · Tusz

100. Konnica · Pióro
101. Stadnina · Ołówek

102. Kościuszko · Ołówek
103. Jeńcy szwedzcy · Sepia

107. Czarownica · Karykatura
hr. Łubieńskiej · Ołówek
108. Studia Żydów · Pióro
109—112. Karykatury · Pióro

jen von Bossamajanowsky aus Nowosiulski . —

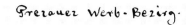

Prerauer Werb-Bezirg.

k.k. 29. Infanterie Linien graf Schönhals Regiments. Ober Lieutenant

113. Włodzimierz Wolski · Karykatura · Ołówek
114. Ekonom · Karykatura · Pióro

115. Franciszek Kostrzewski · Karykatura · Pióro
116. Autokarykatura · Pióro